CM0074271

Doux rêves (LOVE)

Harvey Barousse

Copyright © 2023 by Harvey Barousse

Tous droits réservés.

Aucune partie de ce livre ne peut être reproduite sous quelque forme que ce soit sans l'autorisation écrite de l'éditeur ou de l'auteur, sauf dans les cas autorisés par la loi française sur les droits d'auteur.

Contenu

Chapitre 1

Ever More est celle que nous cherchons, et elle est en plein Éveil.

Lorelei visait juste. Ils avaient toutes les preuves nécessaires.

Sur la table, des clichés se superposaient les uns sur les autres, mêlés à des dossiers tous plus fournis les uns que les autres. Le dossier de Raven avait été abandonné, reposant avec celui de Nora et d'Eric. Trois sorciers qui ne correspondaient pas aux attentes.

Hale ne sentait pas ce lien créé par le sort de la Sibylle.

Il observa les quelques photos prises d'Ever à son insu. Elle portait bien un collier. Le pendentif restait caché mais chacun ici croyait qu'il s'agissait du talisman.

— Lorsqu'on s'est battu la dernière fois, je ne me suis pas vraiment retenu, rappela Tristan. J'ai pu lui porter un coup, et ça ne lui a pas fait de dégât.

Tristan possédait une force suffisamment développée pour pouvoir mettre à mal d'autres vampires. Alors un coup de ce colosse sur une petite humaine sans défense... Elle aurait dû se retrouver à l'hôpital.

— Pourquoi est-ce qu'on s'embête à chercher d'autres preuves ? s'impatienta Lorelei. C'est elle ! Sinon, pourquoi Hale ressentirait-il quelque chose en sa présence ? D'autant que Luke a des liens avec elle et qu'un membre du Cercle traîne dans les parages en criant à tout va qu'il ne repartira pas sans elle ! Il vous faut quoi de plus ? D'autant que, vous avez vu son arbre généalogique ? Tout coïncide. Alors on l'attrape, on la fout dans un avion et on l'emmène auprès de la Couronne.

Un silence suivit les paroles de Lorelei, ce qui la rendit folle de rage.

— Quoi encore ? s'impatienta-t-elle.

— Hale a des raisons d'hésiter, Lorelei.

— Et quelles raisons ?

Tristan se tourna vers lui. Hale ne soutint pas son regard, préférant se perdre de nouveau dans l'observation des clichés.

— Je ne compte plus le nombre de fois où elle m'a échappé, murmura-t-il.

Cela amusa Tristan mais sa compagne blêmit en supposant le vrai problème.

— Hale, regarde-moi, lui ordonna-t-elle. Elle ne t'est pas destinée. C'est à cause du sort. Tu ne dois pas te faire avoir. Nous devons la livrer à la Couronne. Elle appartient à Rainer.

Il le savait. Pourtant...

« Prends garde à ne jamais tomber amoureux de cette sorcière, ou elle pourrait bien causer ta perte ». Le troisième conseille de la Sibylle.

— Je ne suis pas amoureux d'Ever More.

Il planta sa dague sur la photo, bien trop proche du joli visage à son goût.

— Parfait ! Alors réfléchissons à un plan pour l'extirper des griffes des Blackwood, proposa Lorelei.

— Nous verrons ça plus tard.

— Où vas-tu ? fronça-t-elle les sourcils tandis qu'il enfilait un manteau.

— Demander conseil à un vieillard.

Il sortit, prenant la voiture pour se rendre à l'hôpital. Luke saurait bien mieux le renseigner sur la situation. Halle avait l'étrange impression que quelque chose lui échappait dans cette histoire. Luke en savait bien plus qu'il ne voulait en dire. Et s'il était suffisamment proche d'Ever qu'il le laissait croire, Lorelei avait tort de croire que ce serait aussi simple de la ramener à Rainer.

Mais lorsqu'après quelques minutes de trajet il arriva à l'hôpital, il n'eut pas besoin de chercher Luke pour le trouver. Le visage paniqué, il ne le remarqua pas immédiatement. Hale dû l'attraper par le bras.

— Luke, que se passe-t-il ?

Ce dernier émit un grognement guttural pour le mettre en garde, s'arrachant de sa prise.

— Ever est au bord de la mort. J'espère pour toi que vous n'y êtes pour rien.

Son cœur, pourtant inerte depuis presque toujours, sembla émettre un battement d'effroi.

— Comment ça « au bord de la mort » ?

Sans doute perçut-il la sincérité de son inquiétude, puisque Luke lui permit de l'accompagner. Que s'était-il passé ?

Des pleurs. Ce furent les premiers sons qui parvinrent jusqu'à mes oreilles tandis que je rouvrais les yeux. Ma tante tenait un mouchoir dans l'une de ses mains, l'autre occupée à tenir son téléphone.

— Ne t'en fais pas, Priscilla. Les médecins lui ont fait un lavage d'estomac et l'hôpital va la garder en observation pour la nuit. Oh, elle se réveille.

Alysse accouru vers moi, me donnant son téléphone.

— « Mon trésor, ta tante me dit que tu es à l'hôpital. Tu as pris l'entièreté de tes comprimés ? »

Ma tante devina que je préférai parler seule avec ma mère et elle sortit de la pièce, fermant derrière elle.

— Maman, tout est devenu bizarre ici. Tu fais partie d'une secte de sorcières et tu es recherchée par les types du « Cercle » ? Je ne comprends rien.

Un silence s'ensuivit, et il sembla que ma mère, ne sachant que répondre, donna la parole à mon père.

— « Ever, avant de te répondre, je voudrais que tu sois honnête avec moi. Est-ce que tes symptômes ont augmenté ? Les médicaments font-ils encore effet ? »

— Oui, ils ont augmenté. Et les médicaments sont de moins en moins efficaces.

Contrairement au reste du monde, me confier à mes parents n'avait rien de difficile à mes yeux. Il m'arrivait de faire des cachotteries, notamment pour rejoindre Louise dans des coups fourrés. Mais jamais je ne me le serai permise sur de tel sujet, parce que j'avais confiance en mes parents.

J'avais toujours pu tout leur dire, depuis toujours.

— « Très bien. Continue de prendre tes médicaments pour l'instant. Et parles-en à Sarah. Ta tante nous a dit qu'elle était devenue ta Marâtre. »

— Papa, tu ne m'expliques rien.

— « Le Cercle n'est pas une secte. »

— Est-ce que vous les fuyez vraiment ? Vous êtes en cavale, en danger ?

— « Donc on t'a mis au courant de certaines choses... Nous sommes bien en fuite... — Si chérie, il faut bien qu'elle sache sinon elle risque de s'inquiéter et... »

Mon père se disputait avec ma mère, et cette dernière sembla l'emporter.

— « Mon trésor, ne t'en fais pas pour nous. Ton père et moi nous sommes vraiment très doués. Nous allons résoudre nos problèmes puis nous reviendrons te rendre visite, d'accord ? En attendant, écoute ta tante et ta Marâtre. Elles t'apprendront tout en temps et en heure. »

Ce ne fut pas les révélations que j'attendais et aucun des deux ne voulut me céder la vérité dans ce qu'elle aurait pu avoir de plus profond, préférant changer de sujet pour des banalités tel que « Comment ça se passe à l'école ? », « Est-ce que tu t'es fait des amis ? ». L'envie de leur lancer « Je suis attirée par un gars qui est un méchant vampire dans mes rêves » fut très grande, persuadée que ma mère réagirait de la même manière que ma tante : avec un sérieux stupide.

Je finis par raccrocher. Ma tante revint récupérer son téléphone.

— Repose-toi, me demanda-t-elle.

Puis soudain, un poids se posa sur mes jambes. Luna se trouvait sur mon lit d'hôpital.

— Je vous laisse toutes les deux. Si tu as besoin, tu appuies sur le bouton, Ever, me confia-t-elle avant de repartir.

Luna dressa ses oreilles, se mettant à bondir partout sur le lit, visiblement joueuse. Puis elle s'arrêta, s'approchant pour se servir de ma main afin de s'accorder une caresse de ma part. Trop attendrit par l'animal, je la soulevais pour l'amener contre ma poitrine, lui offrant tout l'amour du monde. Mais mes caresses avaient un goût bien différent. Celui du réconfort et de la quête de sérénité.

Mes jambes se rapprochèrent, emprisonnant Luna dans cette sorte d'obligation à m'aider. C'était apaisant de l'avoir ici, son petit nez effleurant le mien. L'animal se cala à son aise, attendant que je me calme.

Aujourd'hui, une vérité m'avait sauté aux yeux : mes rêves avaient une substance de réalité. Si j'espérais qu'il ne s'agisse pas de rêves prémonitoires – la perspective que le trio vampirique me chassant n'ayant rien de réjouissant – l'idée que tout ceci puisse être une vision alternative ou des voyages astraux n'avaient rien pour me rassurer non plus. peu importe l'hypothèse, cela me ramenait à deux constats : j'étais une sorcière et hale, ainsi que ses amis, étaient des buveurs de sang.

— Ou je perds la boule.

La porte s'ouvrit sur un visiteur qui écarta bien vite cette rationalité. Le Docteur Smith, un homme rencontré en rêve et qui se souvenait de cette vision. Cela n'avait rien de possible, et pourtant.

Figé, inquiet, il attendait. Et lorsque mes yeux se gorgèrent de larmes, que Luna m'abandonna pour me laisser me tourner vers lui, le Docteur dans sa blouse n'hésita pas un instant. Il se glissa entre mes bras réclamant une étreinte rassurante, me l'offrant en silence.

Mon visage se réfugia dans son épaule, ses mains coiffèrent mes cheveux.

Tout était vrai, et cela m'effrayait. Hale se tenait dans l'encadré de la porte, tout aussi inquiet. Devais-je croire en ce que je vivais le jour à ses côtés, ou en ce monstre me rendant visite la nuit ?

— Je suis seulement... fatiguée. Je suis fatiguée de tout ça, sanglotais-je de nouveau. Luke, je veux seulement dormir.

Dormir pour qu'à mon réveil le monde ait retrouvé ses beautés naturelles, sa magie et ses innombrables autres merveilles.

Chapitre 2

Le bruit de mon pied tapant du talon sur le sol aurait déranger quiconque se trouverait dans la chambre en cet instant. Ce mouvement, involontaire, ne symbolisait pas mon stress puisque j'allais bien. Mais ma concentration m'empêchait d'y prêter attention.

Regard levé vers le plafond, stylo sur les lèvres, je mimais seulement la gestuelle d'une réflexion. Devant moi, pas de feuille mais un ordinateur, donc le stylo était inutile.

Finalement, je posais ce dernier pour écrire dans mon tableau improviser. Au total, trois colonnes : phénomène, test et résultat. La première colonne devait être remplie en amont. Ensuite, je m'occuperai de tester ces « phénomènes », à savoir toutes les étrangetés dont j'étais témoin et victime depuis mon emménagement à True Hills.

Depuis l'épisode du cimetière avec ma tante, mon séjour en hôpital m'avait permis une sorte d'introspection sur tous ces évènements. Bien sûr, j'avais tout d'abord écarté la thèse du « c'est dans ta tête ». Ce déni ne faisait que ralentir la vérité et prenait bien trop de place pour laisser place au doute et aux autres possibilités.

Alors la solution suivante fut que s'il ne s'agissait pas d'une dégradation de mon esprit sombrant dans la folie, alors peut-être que tout était vrai. En tout cas en partie. Je ne devais pas écarter l'évidence que je prenais tout de même des médocs depuis l'enfance.

— Noyade, commençais-je à remplir mon tableau.

Ce ne fut pas le premier phénomène étrange, mais sans aucun doute le plus marquant à mes yeux. Ce jour dans la piscine aurait pu me coûter la vie si mes poumons n'avaient commencé à remplir les fonctions de branchies.

Dans « test », je comptais développer mes idées pour reproduire le phénomène étrange afin de prouver sa véracité. Pour celui de la noyade, peu de choix : simuler la noyade. Très dangereux, il me faudrait prendre quelques précotions, mais lesquelles ?

— Eviter de me noyer vraiment, validais-je d'un hochement de la tête.

Deuxième phénomène : la téléportation. Bien moins dangereux. Le jour où j'avais voulu partir de la bibliothèque et rentrer au plus vite à la maison, il me semblait avoir été transportée en quelques secondes à deux pas de chez ma tante. La possibilité de test était infinie. Mais comme tous super-héros en herbe, il valait mieux commencer petit. Dans une forêt, une téléportation sur quelques mètres. Il ne semblait pas nécessaire de connaitre le lieu pour s'y téléporter, donc là aussi je devrais me montrer prudente. Je ne voulais pas me retrouver au milieu de l'Atlantique par mégarde.

Troisième phénomène ? Ce que l'on appelait les voyages astraux. Ma tante m'en avait parlé plus jeune. L'âme quittait le corps pour se balader librement dans le monde. Mais à ça, deux problèmes. Premièrement, si cela était réel, alors il y avait des vampires capables de voir mon âme. Une âme qui sortait durant mes nuits. Donc je n'avais pas de contrôle dessus, ne connaissant pas le déclencheur de tout ceci, et surtout les vampires existaient et ne semblaient pas être les amis des sorcières.

— Hm... Je n'arrive pas à croire que j'ai vraiment pensé au fait d'être une sorcière, secouais-je de la tête.

Quant à mes hallucinations, je n'avais la moindre explication. Je devais sans doute être mi-folle mi-sorcière.

— Rien de penser être une sorcière est de la folie...

Devais-je également comptabiliser toutes les étrangetés apparues dans mes rêves ? Le contrôle de la végétation ? L'invasion zombie ?

— Ever ? frappa-t-on à ma porte.

Aussitôt, je fermais mon ordinateur, cachant mes plans d'une manière plus que suspicieuse. Sarah ne fit aucune remarque. Elle devait penser que j'avais été sur un site « interdit ». Etrangement, je préférai passer pour une ado aux hormones explosifs que pour une ado sombrant peu à peu dans la folie contaminatrice de sa tante.

— Charmant est arrivée. Je sais que ta tante veut que tu te reposes, mais je pense que tu aurais besoin de te défouler un peu.

Elle avait raison, comme souvent.

— Je me change et j'arrive.

— Très bien, nous t'attendrons.

Elle avait conscience que j'étais plutôt rapide pour me préparer. Alors bien sûr, ils n'attendirent pas très longtemps.

Revoir mon coach de sport français avait de quoi me redonner le sourire. Non seulement il permettait à mon côté patriote de s'exciter de joie, mais Charmant me donnait l'occasion de continuer mon entrainement aux arts martiaux, et non de juste garder la forme. Il était presque aussi doué que mon père et par moment me flattait d'un « tu devrais être mon coach, pas l'inverse ». Je commençais à vraiment apprécier la flatterie.

Il haussa d'un sourcil en me voyant arriver.

— Tiens, mon élève préférée semble être bien moins morose que d'habitude.

— Mon hygiène de vie s'améliore. Un bon sommeil, une bonne alimentation et des activités physiques avec le deuxième meilleure coach du monde (il était impensable que mon père soit détrôné de son titre), évidemment que je retrouve le sourire.

En vérité, le fait d'apprendre que le monde que je pensais être une hallucination puisse être réelle avait de quoi me redonner le sourire.

« Et après l'entrainement, j'irai tenter de me noyer ! »

Ténèbres et glaciale touché sur ma peau, un faux silence envahissait les lieux. Le souffle coupé, lorsque l'air me manqua, mes mains s'agrippèrent au bord de la baignoire pour m'obliger à immerger. Mes poumons se remplir, ma respiration se faisant rapide et saccadée. Lorsque mon corps se calma de nouveau, je restais assise là, les bras se balançant dans le vide tandis que le reste de mon corps reposait dans l'eau.

Je ne parvenais pas à reproduire le phénomène. Etait-ce parce que j'avais inspiré dans l'eau la dernière fois ? Je n'osais pas le faire, ne voulant pas risquer ma vie stupidement.

— Devrais-je en parler avec Sarah ?

Après tout, elle était ma Marâtre, qu'importe ce que cela signifiait vraiment. Une chose était certaine, Sarah faisait partie de cet univers complètement déjanté auquel je tentais d'adhérer. Elle aurait pu m'aider.

Mais préférant me débrouiller seule, je mis ce mauvais choix stratégique sur le compte de l'adolescente, cachant simplement la réalité d'un doute encore partiellement présent dans un coin de mon esprit : et si tout ceci était un genre de délire ?

— Aller, au travail, chassais-je la mauvaise pensée pour retrouver l'énergie de ma motivation.

Plongeant de nouveau dans l'eau, je laissais l'air m'échapper pour donner du poids à mon corps afin de le maintenir au fond le plus facilement possible. L'eau redevint bien vite calme, et j'ouvris les yeux. Sans produit dans l'eau pour les agresser, ce n'était pas chose impossible.

D'ici, le paysage était flou mais la lumière bien visible. Alors, lorsqu'une ombre apparue, tout bascula.

Il aurait pu s'agir de Sarah ou de Raven. Je serai remontée à la surface et aurait prétendu m'amuser. Elles m'auraient simplement jugé d'un regard surpris puis seraient reparties. Seulement, la salle de bain était fermée de l'intérieur et l'ombre...

L'ombre était silencieuse, et étrangement visible. Sa forme de discernait du flou alentour.

Non, pas sa forme...

Son sourire.

Une large esquisse se dessina, lentement, dévoilant une rangée de dents blanches. Un sourire bien trop large pour une visage humain.

Une alerte suffisante pour que je veuille reprendre mes médicaments. Il n'était pas question que des visions cauchemardesques s'insinues dans mon quotidien !

Mais au moment de remonter, une pression sur ma poitrine m'en empêcha. La main de l'ombre...

Ce monstre me maintenait sous l'eau !

Ouvrant en grand la bouche, je tentais d'hurler de toute mes forces, mais l'eau étouffa le son. Personne ne viendrait m'aider...

La panique supprima le peu d'oxygène encore dans mes poumons. Mes bras balayèrent l'ombre, tentant de la repousser. Mais l'ombre s'avéra n'être... qu'une ombre. Une simple ombre. Je pouvais encore retenir mon souffle...

Juste quelques secondes de plus.

Encore un peu.

Un petit effort...

A l'aide !

Le fil rouge sortit de ma poitrine, entrelaçant mes doigts à présent sous l'eau.

Mon corps ne se débattit plus, gardant ses réserves. Et bientôt, l'instinct m'obligea à ouvrir la bouche et à prendre une grande inspiration.

Ma main enserra le fil, s'y agrippant de toutes ses forces, mes paupières se fermant pour ne plus observer cette ombre cauchemardesque...

De l'air.

Je rouvrais les yeux, recrachant toute l'eau dans mes poumons par terre. Le bruit des vagues était tout aussi anormal que le vent glacial sur ma peau. En culotte et débardeur, mouillée de la tête aux pieds, je grelottais de froid sur une plage, au beau milieu de l'après-midi. Le fil rouge pointa une direction avant de disparaitre de ma vision pour retourner dans ma poitrine.

Pas d'ombre, pas de baignoire. Et pourtant, ce lieu était bien réel.

« Merde, où est-ce que je suis ? Qu'est-ce qu'il s'est passé ? »

— Ever ?

Une voix familière !

Ma tête se tourna brusquement vers le nouvel arrivant. Il s'agissait de Hale, dont la surprise sincère fut totalement légitime.

Il retira son manteau.

— Que fais-tu ici, habillée... comme ça ?

Il s'approcha pour placer son manteau sur mes épaules.

— Je ne sais pas. Je... Je dormais, je pense que j'ai fait du somnambulisme.

— A cette heure-ci ?

— Je n'ai pas très bien dormi cette nuit.

Des justifications, encore des justifications. Je ne pouvais pas simplement dire la vérité, d'autant que moi-même je n'étais pas sûre de ce qu'elle était.

Hale m'aida à me lever, seulement mes jambes ne voulurent pas participer. Mon corps ne tremblait pas de froid. Ce devait être le choc...

Sans hésiter, le garçon glissa un bras sous mes genoux, plaçant l'autre dans mon dos pour me soulever du sol. Mes mains s'agrippèrent à ses épaules. Mon poids ne sembla pas le gêner d'une quelconque manière. Etait-il une force de la Nature ?

Son visage vers le mien, les quelques centimètres nous séparant furent à la fois un embarras mais également une frustration dont l'origine m'échappa. A moins que je préférais seulement ne pas y réfléchir, principalement à cause de cet embarras.

— Tu as de la chance, j'habite dans le coin. Lorelei devrait avoir des vêtements à te prêter. Ensuite je te ramènerai chez toi.

L'ambiance glaciale ne reflétait que la méfiance et l'incompréhension de Tristan et Lorelei. Hale avait senti comme une vibration, l'obligeant à sortir de la maison. Puis une odeur bien particulière.

L'empreinte de cette effluve appartenait à une personne qu'il connaissait de mieux en mieux. Celle d'Ever More, la sorcière sur laquelle ils enquêtaient.

En la retrouvant là, au bord de la mer, perdue et ne comprenant pas ce qui lui était arrivée, lui avait su. Ever avait usé de sorcellerie.

Si l'hypothèse de Tristan s'avérait être réelle, alors Ever était en Eveil. Le déclenchement hasardeux de la magie d'une sorcière la rendait imprévisible et dangereuse à la fois pour elle et pour ce qui l'entourait. En temps normal, un Marâtre ou un Parâtre lui était assigné pour éviter ce genre de chose. Les sorcières et les sorciers autour d'Ever étaient-ils ignorant de sa nature, de ce qu'elle traversait ? Ce pourrait être possible. Il n'y avait jamais eu de cas concernant des sorcières s'éveillant aussi tard. L'évènement se déroulant durant l'enfance.

Lorelei fixait le plafond, jouant avec un couteau de cuisine dans sa main.

— Je te demande simplement de me passer des vêtements à toi, Lorelei. Je la ramènerai ensuite chez elle, tu as ma parole.

Mais Lorelei planta le couteau dans la table, créant une énorme fissure qu'il ne serait pas facile de réparer.

— Non, profites-en, décida-t-elle. Tu dois retirer son collier pour pouvoir la contrôler. Et lorsque ce sera fait, on l'emmènera.

— Pas aujourd'hui, intervint Tristan, ce qui eu pour effet d'agacer Lorelei. Si j'ai bien compris, elle a utilisé le vent des sorcières pour arriver jusqu'ici. Autrement dit, ses proches vont s'inquiéter. On ne sait pas où ni comment elle a disparu. Peut-être que c'était devant eux ? Si on l'emmène, on aura le Cercle à notre trousse. Et étant donné son arbre généalogique, je vais prendre le pari qu'ils enverront leurs meilleurs éléments. Je ne pense pas être capable de me battre contre une armée de sorciers juste avec vous comme soutien.

Finalement, cela arrêta l'impatience de Lorelei. Ils ne devaient pas se précipiter.

— Il faudra la ramener puis créer une opportunité. Comme des vacances scolaires, ou un week-end romantique. On trouvera un moyen. Il faut embrouiller la sorcière et ses consœurs pour pouvoir éviter tout problème. D'autant que si Luke l'apprend... Hale, tu nous as dit qu'il était dangereux. A quel point ?

— Au point où la Couronne le craint, rappela-t-il.

Tristan avait raison.

— Donc, tu vas la voir, tu lui fais ton numéro de charme, tu prends son collier et tu testes le sort de la Sibylle. Ensuite, on avisera.

Son numéro de charme...

Ever possédait un cœur naïf et innocent, absorbant toutes ses conneries comme paroles d'évangile. C'en appelait à de la pitié. Comment une sorcière pour-rait-elle survivre dans ce monde avec un esprit si peu craintif ?

« Le sort doit faire effet », opina-t-il de la tête tout en regagnant l'étage pour prendre des vêtements à Lorelei. Ever se trouvait dans la salle de bain, à se réchauffer avec l'eau de la douche. Le bruit des jets s'entendaient encore. Et lorsque l'adolescente sembla sortir, il frappa à la porte.

— J'ai des vêtements pour toi. Je les pose devant la porte.

— Attends.

Elle ouvrit la porte, laissant la vapeur sortir, accompagné d'une main. Sa main. Il remarqua une marque dans sa paume, comme un grain de beauté pour le regard me affûté, mais une preuve aux yeux de ceux chassant ces créatures depuis le plus jeune âge. Il retint un grognement furieux avec cette preuve sous les yeux, lui donnant simplement les vêtements.

— Merci.

Une sorcière. Il ne devait pas oublier qu'elle était une sorcière. Mais lorsqu'elle sortit de là-dedans, il lui fallut un effort considérable pour s'en souvenir.

Sa main se leva, attrapant malgré lui une mèche de cheveux. Elle parut surprise mais ne recula pas. Ses doigts longèrent son cou, s'attardant un instant sur ce battement de cœur, sur l'emplacement de sa carotide. Il lui faisait vraiment de l'effet, il le sentait.

« Une morsure. Si je prends tout son sang, si j'injecte mon venin... »

Les sorciers pouvaient devenir des vampires.

Finalement il toucha au collier. La magie y était présente, il pouvait sentir ce pendentif le repousser, mais la chaine demeurait des plus classiques.

— Hale ?

— Tu ne t'es pas séchée les cheveux ?

Sous couvert de l'aider, il l'emmena jusqu'à sa chambre avec le sèche-cheveux de Lorelei. Au-delà du sort, à quel moment une fille censée suivrait un garçon dans sa chambre sans poser la moindre question ? Elle alla jusqu'à s'asseoir sur son lit, sa curiosité s'aventurant dans l'observation du rien.

Pas de poster, ni d'objet inutile. N'importe qui entrant ici n'y verrait pas une chambre d'ado. Hale n'en avait que l'apparence.

Prenant une serviette, il s'appliqua tout de même à essorer correctement les cheveux avant de les brosser. Ever ne se plaignit pas, lui assurant qu'il le faisait correctement. Lorsqu'il utilisa le sèche-cheveux, la nuque de la sorcière lui fut livrée, ainsi que l'attache de la chaine. En un geste rapide, il la brisa. Le pendentif tomba.

Il laissa le sèche-cheveux, ramassant l'objet en prenant soin de briser la perle au milieu. Aussitôt, la magie en disparu.

— C'est à toi ?

— Oh non !

Livide, Ever récupéra le bijou. Elle semblait être au bord des larmes.

— C'est... C'est un cadeau de ma mère, un héritage familiale. Je l'ai cassé.

Il détourna les yeux de cette sorcière, sentant son cœur se serrer. Se sentait-il coupable ?

Ever n'était pas naïve et innocente. Cette innocence apparente était une arme redoutable capable de berner quiconque s'y perdrait !

« Reprends-toi Hale, n'oublie pas pourquoi tu fais tout ça »

Et pourtant...

Hale tendit les doigts, récupérant les morceaux de la perle brisée. Pour les plus visibles.

— Je peux sans doute les recoller.

Venait-il vraiment de proposer d'aider la jeune sorcière ? Il n'eut pas le temps de le regretter. Un sourire comme il était rare d'en observer dans sa vie éclaira le visage d'Ever. Le genre d'esquisse lui faisant oublier que le Soleil était capable de disparaitre derrière un simple nuage, que le parfum et la beauté des fleurs périssaient dans les mains de l'automne.

— Vraiment ? Tu penses que c'est possible ?

Stupidement, inutilement et sans vraiment pouvoir s'en empêcher, il hocha de la tête, silencieusement, comme bouche bée. Il perdait réellement ses moyens !

Il repensa aux paroles de la Sibylle. Notamment sur la partie concernant l'influence de la puissance d'une sorcière sur le sort qu'il avait fait lancer à son encontre.

« Merde, cette sorcière est vraiment dangereuse »

Chassant cette pensée, il retrouva la raison par le souvenir de sa mission.

— Ever, lui lança-t-il un sourire attendrit afin de capturer son attention. Que dirais-tu d'un rendez-vous?.

Chapitre 3

Le ciel a-t-il toujours été aussi bleu ?

Raven roula des yeux, me laissant profiter du Soleil chaleureux et des couleurs vives de ce monde. Ma main s'était levée, comme pour en capturer toutes ces nuances, comme pour atteindre ce ciel immense.

Nora jongla son regard entre moi et Raven, puis Eric qui se contenta d'hausser des épaules.

— Je sais que tu prends des antipsychotiques et que ma question va donc apparaitre comme peu délicate mais Ever, est-ce que tu es devenue folle ?

— Hier elle a disparu pour revenir plus tard avec des vêtements nouveaux et ce sourire stupide sur le visage.

— Oh mon..., commença Nora avant de laisser des étoiles faire briller ses yeux. Notre Ever est amoureuse.

Une simple phrase. Un effet dévastateur. Le dégoût de Raven n'avait rien d'inhabituel. Eric opinait de la tête, en accord avec sa copine.

— Je ne suis pas amoureuse, chassais-je l'idée en exagérant bien cette affirmation d'un balayement de la main et d'un détournement de regard. Mais j'ai un rendez-vous.

Nora poussa un cri de fan hystérique, attirant l'attention comme à son habitude avant de me sauter dans les bras pour me questionner telle une paparazzi.

Ma main tripota mon pendentif. Réparé par les soins de Hale. Certes, la perle n'était pas entière, mais cela ne se voyait presque pas. Et surtout, Hale m'avait proposé un rendez-vous.

Je ne pouvais pas affirmer si j'étais amoureuse ou attirée par lui, mais ce serait se mentir que de prétendre que rien ne se passait. Les quelques fois passées ensembles suffisaient à confirmer que mon cœur se sentait bien à ses côtés. En dehors de mes rêves qui n'en étaient possiblement pas, il était charmant.

S'il était aussi terrifiant dans mes rêves, ce n'était sans doute que pour une seule raison : il semblait m'y prendre pour une sorcière.

Et je n'étais pas une sorcière, même si le test de la noyade semblait avoir démontré que quelque chose clochait avec moi.

— Ce sera mon premier rendez-vous.

Mimant la tristesse, Nora posa sa main contre mon épaule.

— Notre Ever, si timide et névrosée, incapable de se rebeller, a bien grandit. Puisque tu le demandes...

— Elle n'a rien demandé, intervint tout de même Raven.

— ...dans ma grande générosité je vais t'aider à te préparer pour ton rendez-vous. Qui est cette personne ?

Préférant le silence, je demeurais à l'affut de la sonnerie, espérant que comme dans les séries elle sonnerait pour me sauver la mise. Mais ce n'était pas une série...

— C'est ce Hale ? gronda Raven.

Inutile d'en raconter davantage.

— Tu n'écoutes vraiment aucune de mes mises en garde concernant ces connards. Démerde-toi, ne compte pas sur moi pour te payer un cercueil lorsqu'ils t'auront tué.

Et la sonnerie sonna enfin, donnant l'excuse à Raven de nous laisser planter là. Les cours commençaient.

Jusqu'à présent, tout ceci avait semblé être comme un rêve. Ces sentiments étranges surgissant sans raison, ses visions n'existant que dans ma tête, ce lapin...

Le lapin, accompagné d'une étrange sensation. Mais pour une fois, j'en comprenais le sens. Il s'agissait de malaise. Qui ne le serait pas en faisant face à une jolie blonde hostile et son copain bagarreur ? Tristan avait posé son bras autour de Lorelei et nos chemins venaient de se croiser dans un couloir de l'école. S'il y avait ce couple ici, alors Hale devait sans doute être dans le coin.

— Il n'est pas là, lâcha-t-elle d'un soupir.

Pourtant son sourire revint bien vite chasser les mauvaises ondes autour d'elle par un faux sentiment de sérénité. Elle m'observa de la tête aux pieds.

— Qu'est-ce qu'ils te trouvent tous ? Une rouquine au nez cassé et au corps potelet...

Potelet ?

— Ne sois pas vexée par les remarques d'un squelette, intervint une nouvelle arrivante.

Raven se pointa à mes côtés, lançant un combat de regard avec Lorelei. Tristan et moi-même nous étions écartés un peu dépourvu et ne voulant pas s'immiscer.

— Hale t'aurait invité à sortir ? entama-t-il une conversation sur un sujet que je ne souhaitais pas aborder.

Les deux autres étaient bien trop occupées à se défier pour nous prêter attention.

— Oui.

Cette réponse le fit rire. Au moins, cela amusait l'un de nous deux.

— Une réponse courte et directe. Tu ne détailles pas, tu ne poses pas de question ni ne te vexes.

J'aurai pu continuer cette discussion peu passionnante, mais ma vision persistait. Le lapin attendait. Il était pressé.

— Je dois...

— Hale est en pause déj', il revient dans quelques minutes si tu veux.

Mes sourcils se froncèrent. Pensait-il que je le cherchais ?

— Je n'allais pas le voir.

— Ah non ?

Sa surprise était réelle.

— Je ne suis pas sa petite-ami, Tristan. Et même si c'était le cas, ça ne signifierait pas que je voudrais me retrouver avec lui à chaque seconde de ma vie.

Me détournant du groupe, je pris la décision de suivre consciemment le lapin. Ayant commencé à tester mes capacités, il aurait été stupide de continuer d'ignorer ces visions.

— Ever ! s'exclama la voix de Nora tandis que cette dernière sortait de nulle part pour m'aborder avec un grand sourire.

Eric l'accompagnait.

— Pour ton rendez-vous, je vais assumer mon rôle de conseillère. Alors retrouvons-nous après les cours pour faire des magasins et te trouver une tenue qui en jette !

Une excuse pour faire du shopping... C'était tellement flagrant qu'elle s'en cachait à peine.

Elle pouffa légèrement puis hocha de la tête. Il était difficile de comprendre à quoi cette dernière pensait.

— L'amour c'est franchement magique.

— Je ne suis pas... Peu importe, écartais-je le sujet.

Pourquoi voulait-on me parler de ma relation avec Hale ? Il avait flirté un peu avec moi, j'avais été plus ou moins réceptive.

— Il ne se serait pas emparé de ton cœur par hasard ? continua-t-elle sur sa lancée.

— Laisse tomber, roulais-je des yeux. J'ai quelque chose à faire.

— Et les cours ?

— Je serai peut-être en retard, couvre-moi.

Le lapin m'emmena dehors, me guidant dans un coin isolé et désert. A croire que ce bahut en regorgeait ! Puis il s'arrêta derrière un mur, une cachette.

Mais lorsqu'un petit bruit s'échappa de l'endroit, mon regard curieux alla voir, allant contre les directive du lapin qui m'indiquait une cachette. Un geste que je regrettais bien vite tandis que, derrière mon arbre, je pouvais assister à ce qu'il y avait de plus irréel et terrifiant depuis que mon monde surnaturel était devenu réalité.

La curiosité était un vilain défaut, et je venais d'en payer le prix fort par une vision d'horreur. Le lapin me guida et je trouvais refuge derrière un muret.

Je venais de trouver Hale, et ce n'était rien d'une nouvelle réjouissante.

Comment aurais-je pu qualifier la scène qui était en train de se dérouler sous mes yeux ? La terreur venait de foudroyer mon cœur. Je sentais mon sang battre à tout rompre dans mes veines, pulsant dans ma tête.

Du sang. Une larme de ce liquide rougeâtre perlait le long du cou blanc d'une étudiante.

Hale tenait dans ses bras une fille de notre âge. Elle semblait évanouit, endormie. Et penché à son cou, Hal avait planté des crocs dans la chair. Le fil rouge enveloppa mon poignet, allant se nouet entre les doigts de ce prédateur.

Je fis demi-tour et courus pour me réfugier dans mon lycée. Tous ces rêves... Sans le vouloir, je venais de confirmer une vérité à laquelle je n'avais jamais souhaité assister.

Des vampires

Hale était ce qu'il semblait être ? Et pour Lorelei et Tristan ? Étaient-ils comme lui ?

En courant, je ne fis pas attention, percutant Eric qui se trouvait avec ses amis.

Raven avait cherché à me prévenir, Nora m'avait parlé des dangers du vampire. N'ayant jamais cru en ces histoires de sorcières, j'avais fait la sourde oreille. Et si Hale était là seulement pour me tuer ? Raven ne cessait d'affirmer que ce trio voulait ma peau, que je ne devais pas m'en approcher. A quel point avait-elle raison ?

— Ever, est-ce que tout va bien ? s'inquiéta Eric, ses deux mains m'ayant saisi.

Non, ça n'allait pas bien.

Il fallait que je me calme. J'en devenais parano et to-talement irrationnelle. Le trio n'était pas là pour moi. Ce n'était que très récemment que j'avais reçu un allé-simple pour le pays imaginaire. Leur arrivée remontait à avant la mienne. De plus, ma visite chez la Reine de Cœur n'était pas prévu pour les jours prochains. Je tenais à ma tête.

— Est-ce que... Est-ce que...

— Respire et explique-moi ce qui ne va pas ?

Mon visage se leva vers lui. Mon corps était parcouru de tremblement. Mes jambes fléchirent.

— Oh, ok, me rattrapa Eric.

Ses amis s'inquiétèrent à leur tour et Eric m'aida à m'as-seoir.

— Est-ce que tu es un sorcier, Eric ?

Il hésita.

— Je devrais peut-être appeler Nora.

— Réponds-moi !

J'avais haussé la voix sans le vouloir. Ses amis s'étaient approchés.

— Comme beaucoup en ville, Ever. Mais tu devrais éviter de le crier sur tous les toits.

— Elle va bien ? demandèrent les garçons.

— Oui, un petit malaise. Mademoiselle semble avoir manqué son repas aujourd'hui, inventa-t-il sur un ton joueur.

Il me tendit une barre chocolatée.

— Prends ça. Tu te sentiras mieux.

Il me laissa seule, me lançant quelques regards inquiets. La sucrerie dans les mains n'auraient pas dû autant me tenter. Et pourtant, me voici qui la dévorait. L'effet fut réel. Grâce à l'aide d'Eric, je me sentais me détendre.

La sonnerie retentit. Jamais je n'avais été aussi heureuse d'aller en cours.

Chapitre 4

J'avais la poisse. J'avais vraiment la poisse. Hale, celui que je ne souhaitais voir sous aucun prétexte aujourd'hui, était installé à côté de moi, écoutant le professeur. J'avais pourtant tenté de m'éloigner, choisissant une place inhabituelle. Mais à son arrivée, le nombre de place avait drastiquement chuté pour ne plus laisser beaucoup de choix. Et maintenant des images de son « repas » me revenaient à l'esprit !

Peu attentive au cours, des pensées parasites à l'esprit, le moindre bruit devenait sujet de stress.

Mes rêves annonçaient une facette terrifiante du trio. Et de Hale. Un garçon bien différent de ce qu'il me montrait à l'école. Le rêve était un cauchemar et la réalité... La réalité était une douceur mensongère.

En cherchant dans mes souvenirs, mes rêves ne me donnaient que peu d'information à l'exception du danger que les vampires représentaient pour les sorciers.

Mon regard se tenta à épier mon voisin. Peut-être n'avait-il aucune idée de ce que je pouvais bien être ? Après tout, moi-même je n'étais consciente de la chose que depuis à peine quelques jours. Dans ce cas, il ne tenterait pas de me tuer. Mais ce que j'avais vu dans la cour prouvait que même un simple humain pouvait y passer.

Je n'étais absolument pas en sécurité. Un vampire était dangereux. Et moi, je n'avais absolument rien pour me défendre. Ces « pouvoirs » de sorcière m'étaient totalement inconnus, et par conséquent ils devenaient inutiles.

« Souviens-toi de ce que Louise te disait souvent », me rassurais-je au mieux. Mon amie me rappelait sans cesse qu'un problème n'en était un que si nous n'étions pas capable de le piétiner après lui avoir donné sa racler ou laisser d'autres le faire à notre place. Mes prises pouvaient-elles aider dans un combat contre des vampires ?

Je liais mes mains entre elles, espérant ainsi cacher un peu leur tremblement évidant et peu discret. Soit ça, soit j'étais en train de prier tous les dieux de l'univers de bien vouloir m'aider à vivre une vie longue et heureuse.

— Tu as froid ? me murmura Hale en se penchant plus près. Tu devrais arrêter de trembler comme ça. Je peux te filer mon manteau.

Sa voix sensuelle et berçante était d'un tel réconfort que mes membres arrêtèrent de trembler aussitôt. Étais-je rassurée par sa voix ? Cela me prouvait encore qu'il était un vampire ! L'hypnose devait vraiment faire partis de leurs capacités. Comme dans les films.

— Non, j-je vais très bien, le rassurais-je terrifiée.

Je n'osais pas le regarder en face, sentant de nouveau mes membres trembler. Il était certain que je ne deviendrais jamais une actrice.

Je fixais l'horloge des yeux. Plus que cinq minutes.

Le temps passait vraiment lentement. Mais je n'étais pas pressée de partir. Ici, en classe, je me sentais naïvement plus en sécurité, rassurée à l'idée qu'il ne pourrait jamais rien tenter devant tant de témoins.

« Je ne suis pas sans défense ! », me souvins-je soudain. Je m'étais déjà battue contre un vampire : Tristan. Et j'avais gagné ! Sarah et Raven, ainsi que ma tante, étaient des sorcières avec un arsenal de livres, dont la moitié devait sans aucun doute être dédié à la sorcellerie et aux règles de ce monde. Je pouvais m'en servir. Même si la lecture n'était pas mon fort, avec une bonne motivation les miracles pouvaient arriver.

Soudain, Hale se mit à grogner. Cela aurait pu être craquant si je n'avais pas été témoin de son « repas ». Grogner et mordiller son crayon à cause d'une possible erreur sur ses exercices. Mais aujourd'hui je le voyais d'un autre œil. Ses crocs mordillaient les crayons et ce grognement n'avait absolument rien de charmant. Il appartenait à un monstre. Chose à laquelle je n'aurai jamais porté attention si je n'avais pas su la vérité.

Danger !

Quelque chose de puissant s'empara alors de mon corps, se concentrant dans ma poitrine avant d'exploser. Et toutes les vitres de la salle se brisèrent en même temps. Tous hurlèrent de terreur, semblant faire écho à ma propre peur.

Ma main se posa contre ma poitrine. Mon rythme cardiaque redescendait. Etrangement, cette explosion m'avait permis de me détendre un peu.

— Personne n'est blessé ? interrogea le professeur au dépourvu.

Apparemment, il y avait eu plus de peur que de mal. Nora avait les yeux écarquillés en gros, m'observant discrètement avant qu'Eric ne lui rappelle d'être discrète. Même sans comprendre le comment du pourquoi, la coupable de ce phénomène semblait être moi.

Hale se leva pour aller aider ceux qui avaient été les plus proches des fenêtres et Nora en profita pour venir à mes côtés.

— C'était quoi ça ?

— Je ne sais pas, Nora. C'est...

Non, elle ne savait rien de ce que je redoutais. Elle me pensait être encore dans le déni, à ignorer ce que j'étais réellement.

Eric me fixait mais ne pipa mot. Je lui en fus reconnaissante.

— Je ne sais pas. Peut-être un genre de petit tremble-ment de terre. Des vibrations. Et les vitres ont explosé.

— Ever...

Eric arrêta sa petite-amie, et cette dernière se retint.

— Bien. Euh, vous pouvez sortir plus tôt, nous annonça le professeur.

Alors ni une ni deux tous les élèves de la classe sortirent, finalement heureux qu'une telle chose se soit produite. Et dans la précipitation, un gars un peu trop pressé me rentra dedans et je percutais le mur, ce qui m'em-pêcha de tomber. Mais j'aurais préféré tomber parce que cela déséquilibra un morceau de vitre encore dans l'encadrement. Je l'esquivais de justesse, mais ce ne fut pas le cas de ma jambe, dont le morceau de verre vint l'égratigner.

Bon, pour le « zéro nombre de blessé », ce n'était plus vraiment le cas.

— Ever, est-ce que ça va ? Ah oui, non, question stupide, se reprit Nora.

Ce n'était rien de profond mais une visite chez l'infir-mière serait sans doute nécessaire. Un bandage.

« Oui, mais ça commence à piquer »

— Oh mon Dieu ! s'exclama le professeur. Hale, emmène-la à l'infirmerie immédiatement.

Hale ?

« Non monsieur, pitié ! J'écouterai mieux en cours, promis juré mais pas craché parce que ce n'est pas propre ! », suppliais-je silencieusement.

Le vampire me souleva du sol. Un contact glacial.

— Ça va aller, je t'emmène, m'assura-t-il sur un ton mielleux capable de me faire rougir.

Et je rougissais réellement !

« C'est un vampire et les vampires aiment le sang. Et je saigne ! »

Ce n'était clairement pas le moment pour moi de baisser ma garde.

Mais le professeur n'étant pas télépathe, il se contenta de remercier Hale qui prenait nos affaires pour ensuite sortir de la pièce.

Il traversa les couloirs d'un pas assuré. Rien n'était rassurant dans cette situation. Il pouvait me briser à tout instant s'il le désirait. Personne à l'horizon, les élèves étant soit en cours soit partit. Les couloirs étaient déserts, à la moindre occasion il lui serait possible de m'anéantir. Pourtant, il ne le fit pas. Et étrangement, tout au fond de moi, j'étais persuadée qu'il ne le ferait jamais. Je devais être idiote de penser ça.

Devais-je m'accrocher à l'idée qu'il attendrait notre rendez-vous pour ça ?

Nous arrivions devant l'infirmerie et Hale me fit entrer, m'aidant à m'installer.

— L'infirmière n'est jamais là lorsqu'on a besoin d'elle.

Du coup il commença à fouiller dans les placards et sortit du désinfectant ainsi qu'un bandage. Pas de suçage de sang, ni de tête coupée. Juste du désinfectant et un bandage.

— Hale, à propos de samedi...

Sa main se posa sur ma jambe. Son regard se leva vers moi, ne l'empêchant pas de remonter la jambière de mon pantalon foutu à cause du verre.

— A propos de samedi, m'incita-t-il à reprendre.

Il appliqua le désinfectant, m'arrachant une grimace.

— Je ne pense pas pouvoir venir finalement.

Un petit cri plaintif m'échappa au moment où Hale resserra bien trop fort le bandage autour de ma jambe. Une goutte de sang s'échappa et un fil se forma. Une vision. Le fil remonta le long de ma jambe pour s'approcher de ma poitrine, pénétrant soudainement à l'intérieur, l'autre extrémité s'accrochant au vampire.

— Un empêchement de dernière minute ?

Une excellente excuse !

— Non, j'ai seulement changé d'avis ?

Pourquoi ne parvenais-je pas à lui mentir ? Sans doute pour éviter qu'il ne tente de me proposer un autre jour.

Il termina de me soigner, ne s'écartant pas par la suite. Ses deux mains se posèrent à plat sur le lit, son visage se levant pour m'observer.

— Est-ce que je te fais peur, Ever ?

— Je... Oui.

— Je vois. Je suis désolé pour ça.

Il ne se vexa pas, ni ne se mit en colère.

— Ever, tu me plais vraiment, même si je ne saurai te dire pourquoi. Appelle-ça une sorte de coup de foudre. Je ne suis pas très doué avec ces trucs, j'ai dû te faire une très mauvaise impression.

Son expression changea. Quiconque face à Hale serait prit de culpabilité en cet instant.

— Je suppose qu'on n'y peut rien. Je vais te laisser tranquille à partir d'aujourd'hui.

Il rangea les affaires déballées puis repartit. Le fil le suivit, s'évaporant lorsque le vampire fut trop loin. Un fil rouge...

Ma main s'ouvrit, accueillant l'illusion qui, peu à peu, s'effaçait. Et au moment de disparaitre dans ma poitrine, ma poigne se ferma pour s'en saisir. La sensation fut instantanée, mon cœur bondissant puissamment dans ma poitrine au point de me faire fléchir dans ce lit de l'infirmerie. Le fil devint chaine, me guidant.

— Je lui suis liée pour une raison inconnue, acceptais-je la nouvelle vérité.

Mais de quoi s'agissait-il ?

Son regard perçant voyait tout. Sa voix enchanteresse arrachait le libre-arbitre de chacun. Sa volonté de fer ne pouvait plier face aux obstacles. Et pourtant, Lorelei craquait.

Hale sortait enfin de cette école, mais seul. Pas de sorcière aux cheveux rouilles à ses côtés. Il n'y avait que lui et une expression étrange sur le visage. Habituellement impassible, le guerrier au caractère indomptable et à la force redoutable avait de quoi imposé le respect auprès de ses paires. Son aura de chef était indéniable et Lorelei l'admirait profondément. Elle aurait suivit Hale jusqu'en Enfer s'il l'avait souhaité.

Et pourtant... Plus rien n'allait.

Il affirmait maîtriser la situation, insistant pour que le groupe prenne son temps. Pour le moment, les autres n'avaient pas cru bon de suivre les mêmes pistes que le trio, ce qui leur donnait un avantage certain. Personne n'était au courant qu'ils détenaient entre leurs mains la sorcière désirée par la Couronne.

— Que s'est-il passé ? questionna Tristan, bien plus empathique que Lorelei dont la patience atteignait ses limites.

— Le rendez-vous de samedi est annulé.

Lorelei frappa dans la voiture, accompagnant son geste d'un cri de fureur.

— Que fait-on ? continuait son amant.

— Je maitrise la situation. On s'en tient au plan, on prend notre temps.

— Tu ne maitrises rien du tout, Hale ! Fais-chier ! On l'attrape, on l'a fout dans un avion et on la livre à la Couronne ! As-tu oublié notre mission ? Tu ne dois pas t'attacher à cette salope.

La fureur dans son regard anima de nouveau le cœur de Lorelei. Cette rage dans les yeux de Hale lui manquait tellement. Celle lui ayant fait promettre une loyauté absolue et une confiance aveugle.

Mais cette colère était à son encontre, parce qu'elle avait insulté la sorcière.

— Répugnant, cracha-t-elle au sol, ne voulant pas le croire.

Un vampire attaché à une sorcière. Un blasphème aurait été bien plus respectueux que ça.

Elle quitta le groupe, laissant ces deux faibles comploter entre eux. Il était temps pour elle d'agir.

Sortant son téléphone, elle composa un numéro.

— J'ai un problème.

Chapitre 5

La forêt plongée dans un calme inquiétant, absorbait chaque son pour le faire disparaitre. Dès lors, le bruit ne pouvait exister malgré ses efforts de se manifester.

Aucune distraction.

Le ciel me fut fermé par les arbres dont les feuillages s'épaissirent au moment où mes yeux cherchèrent la Lune et sa fragile lumière.

Tout me poussait à avancer droit devant moi, sans détour. Au bout du chemin entouré d'arbres et d'obscurité, un miroir. Le miroir. Quelqu'un, quelque chose m'y attendait.

Mes pas, silencieux, m'emmenèrent sans résistance. La situation aurait dû m'effrayer, ou au moins m'inquiéter. Mais qui en ce monde craindrait son propre reflet ?

Ma main se posa sur la paroi.

— Qui es-tu ?

L'écho se tut, sa bouche esquissant un sourire de plus en plus large au point d'en devenir malaisant. Ses yeux ne reflétaient pas d'émotion, seules ses lèvres s'étiraient ainsi.

Souhaitant m'éloigner, mon corps recula mais ma main opposa résistance. Collée au miroir, elle refusa de s'en détacher. Et le reflet émit un son. Un rire venu de loin.

Paniquée, je tirais de toutes mes forces. Je devais partir !

Répondant à ma panique, mon cœur émit un douloureux battement. A travers le tissu de ma nuisette, une lueur se dégageait. Le miroir relâcha ma main, me laissant tirer sur mon vêtement pour en voir davantage. Mon cœur semblait devenir visible sous ma peau. Un cœur d'or, le sang doré brillait dans mes veines. C'était... jolie.

Mon regard se posa sur le miroir. Ce reflet n'était plus aussi effrayant. Il était souriant. Mon sourire. Mon reflet.

A mes pieds, un petit lapin venait d'arriver.

— Tu n'as plus besoin de l'émissaire de la Lune.

Fuyant, le lapin blanc partit loin de moins. Me laissait-il seule ?

— Je serai à tes côtés, promit une toute autre présence.

Dans les ténèbres, une lueur virevoltait à la manière d'une luciole perdue dans la nuit. Mais il ne s'agissait pas d'un tel insecte lumineux.

Ma paume s'ouvrit, accueillant le papillon qui s'y posa docilement et sans aucune crainte.

« Je n'ai plus peur », me convaincs-je en approchant de nouveau le miroir. Ce reflet, si semblable au mien, ne pouvait pas être moi.

— Qui es-tu ?

Et le reflet posa un doigt sur ses lèvres, gardant le silence. Le moment n'était-il pas venu de me saisir de ce que j'étais ?

Le papillon s'envola, me laissant poser mes deux mains sur le miroir, le reflet m'imitant parfaitement.

— Je suis prête à saisir cette opportunité, murmurais-je comme un sortilège venu achevé un rituel.

Le bout de mes doigts se mit à briller. Une lueur d'or pâle qui remplaça la teinte de ma peau. La couleur dessina l'ensemble de mes veines pour remonter en mon cœur. De la puissance, de la magie !

La sensation était si vivifiante que je ne pus m'empêcher de sourire puis d'éclater d'un rire franc. J'aimais ça, tout simplement.

Ce matin me parut bien différent des autres. J'ouvrais les yeux, les rideaux tirés filtraient la lumière du soleil et les oiseaux accueillaient le jour avec leur orchestre parfois agaçant, d'autres fois inspirant. Rien ne sortait de l'ordinaire.

Et pourtant...

En sortant de mon lit pour tirer les rideaux et ouvrir la fenêtre, la brise fut apaisante et le soleil si brillant qu'il me sembla découvrir un nouveau monde.

Il ne manquait que l'odeur du printemps pour que ce moment puisse être parfait. En automne, fort peu de chance.

Et pourtant...

Mes mains me chatouillèrent. Des plantes y grimpaient, fleurissant de ma simple volonté, sans le moindre effort. Des fleurs qui continuèrent leur course sur les murs pour atteindre le sol et chasser les feuilles mortes tandis que renaissaient les bourgeons endormies en cette saison.

Sarah, dans le jardin, leva le visage de sa tasse de thé pour m'observer. De la surprise se lisait dans cette expression se voulant être maitrisée. Elle retourna à l'intérieur mais ne vint pas à ma rencontre. Elle devait attendre que je me prépare et descende de moi-même.

Il était temps pour les réponses de surgirent et combler la curiosité de mes questions.

Prenant le temps d'une douche, Charmant ne serait sans doute pas du rendez-vous de chaque matin, je m'habillais comme pour me préparer à aller en cours avant de sortir de la chambre. Comme prévu, Sarah m'attendait dans la cuisine.

— Que veux-tu manger, Ever ?

Je m'emparais d'une pomme, croquant dedans.

— Bien, suis-moi.

Tout en mangeant ma pomme, j'obéis pour accompagner Sarah jusqu'à ce qui ressemblait être son bureau.

— Les sorcières ont de nombreux pouvoir mais des natures différentes. Si chacun est capable de contrôler la magie pour réaliser des rituels, des potions et des maléfices, le sorcier possède tout de même sa particularité. Certains sont plus puissants que d'autres, notamment dû à un avantage de leurs gênes, d'autres doivent compter sur une Marâtre ou un Parâtre pour les aider à atteindre cette excellence.

— Vous êtes une excellente Marâtre je suppose ?

— Mes honoraires excessifs ne sont pas une arnaque, Ever.

Elle fouilla dans sa bibliothèque, sélectionnant quelques livres. Des romans qu'elle présenta devant moi. Passant sa main par-dessus ces derniers, leurs titres changèrent. Des livres sur la sorcellerie et son histoire.

— L'Eveil est une étape obligatoire que tous les sorciers se doivent de passer. Ce n'est pas un choix, mais une nécessité naturelle. Les sorciers naissant sorciers, cette étape arrive durant la jeune enfance. Autrement dit, tu es beaucoup trop en retard.

— Qu'est-ce que c'est « l'Eveil » ?

Elle ouvrit un livre.

— L'Eveil permet de déclarer les aptitudes du sorcier. Les Eveils sont un rite de passage obligé et naturel que tout sorcier passera.

Elle présenta une page en particulier semblant parler de plusieurs éveils différents.

— Il existe un total de huit Eveils possibles. Parfois, certains sorciers manifestent plusieurs Eveils. Etant donné ton passé familiale, il s'agit d'une possibilité dans ton cas. Mais en prenant en considération le traitement que tu as pris durant toute ta vie, je pense que certaines complications vont arriver.

— Mes anti-psychotiques ?

— Il s'agit d'un suppresseur de magie. On l'utilise pour les interrogatoires et les emprisonnements de sorciers,

pas sur des enfants. Les conséquences sont la sup-
pression totale de la nature de sorcier dans l'enfant.
Tu y as échappé, ce qui signifie que la magie en toi
est bien trop puissante pour être si facilement détruite.
Et maintenant que tu es en plein Eveil, il est trop tard
pour chercher à anéantir ta nature de sorcière. Cela va
seulement retarder l'échéance.

Ma famille m'avait fait prendre un tel traitement depuis
mon enfance. Pourquoi avait-on cherché à brider mes
capacités ? Mes parents voulurent m'empêcher de devenir une sorcière. Pour quelle raison ?

— Notre monde est dangereux, sembla comprendre
Sarah sans que je n'ai eu à prononcer le moindre mot
d'inquiétude. Le Cercle ne laisse passer aucun écart,
nos ennemis sont nombreux. Etre humain est bien plus
sécurisant.

Mais être une sorcière m'apparaissait bien plus amusant !

— Huit Eveils. L'éveil solaire, l'éveil lunaire, l'éveil
brûlant, l'éveil larmoyant, l'éveil naturel, l'éveil aérien,
l'éveil prophétique et l'éveil ancestral. L'éveil solaire et

lunaire sont des éveils astraux, l'un lié au Soleil, au jour et à la lumière, l'autre à la Lune, ses cycles et à la nuit.

Ces explications étaient bien trop abstraites pour être compréhensibles.

— Les éveils brûlant, larmoyant, aérien et naturel sont des éveils élémentaires, chacun lié à un élément. L'éveil brûlant est don issu du feu et de la chaleur. L'éveil larmoyant est issu de l'eau et de chacune de ses formes. L'éveil aérien est issu des vents et des tempêtes. L'éveil naturel est issu de la terre, de la végétation et de la roche, ainsi que des tremblements de terre ou de ce genre de phénomène. Ce ne sont que des caractéristiques générales, mais beaucoup de choses dépendent de la sorcière en elle-même.

Comprenant que je n'avais de question, souhaitant simplement qu'elle continue dans ses explications, Sarah reprit.

— Ce que tu as fait tout à l'heure est une manifestation de l'Eveil naturel. Mais certaines sorcières d'un tel éveil ne seront pas forcément capable de faire fleurir des fleurs printanières en automne. Dans ton cas, cela s'explique par le phénomène d'Eveil. Tous les Eveils se manifestent hasardeusement avant que le sorcier ne se fige dans un Eveil en particulier.

— Donc chaque éveil propose un large panel de compétences différentes mais tout dépend du sorcier et de sa puissance.

— Oui, tu as compris l'essentiel.

— Bon, et les deux autres éveils.

— L'Eveil prophétique est un éveil temporel, donnant le don de vision du passé, du présent et du futur. Quant à l'Eveil ancestral, il est un éveil de l'âme. Il est un don sur la vie et la mort ainsi que sur les âmes. La nécromancie est une magie dérivée cet éveil que d'autres sorciers peuvent parfois utiliser par le biais de rituels particuliers.

— Je me suis téléportée.

— Je suppose que la téléportation n'était pas en une fraction de seconde.

— Non.

— Eveil aérien dans ce cas. Sinon, il aurait s'agit d'une manifestation très puissante de l'éveil temporel. C'est une capacité assez rare de ce dernier, même parmi les sorciers d'un tel éveil.

— J'ai respiré sous l'eau. Enfin je crois.

— Je ne pense pas que tu ais besoin de moi pour t'expliquer l'origine d'une telle capacité.

— Eveil larmoyant. Et pour les voyages astraux ?

— Eveil ancestral.

— Les zombies aussi je suppose.

— Tu as fait apparaitre des morts-vivants ?

— Oui, ils ont combattu des vampires.

— Des vampires t'ont vu ?

— Non, j'ai un masque dans mes rêves.

— Ever, je vais te demander de m'expliquer en détails l'ensemble des étrangetés qui te sont arrivées jusqu'à présent. Il ne s'agit plus seulement de prédire l'arrivée de ton Eveil mais de ta sécurité.

Que devais-je avouer ? Bien sûr, je lui révélais la plupart des « étrangetés » arrivées. Mais concernant le fil me liant à Hale, concernant M. Smith ou encore mes rêves avec le miroir... Devais-je plutôt le garder pour moi ?

— Donc tu me dis que ces trois vampires n'ont pas essayé de t'attaquer ?

— Pas vraiment, ils voulaient parler.

Hale avait surtout émis l'idée de voir mon visage la plupart du temps.

— Ils semblent être à la recherche d'une sorcière en particulier.

— As-tu vu leur visage ?

— Je...

Le visage de Hale me revint en mémoire. La raison voulait que j'avoue tout, que je livre le moindre détail. Mais quelque chose m'en dissuadait. Mon cœur se serrait à la seule idée de livrer l'identité du vampire.

— Non, je ne m'en souviens pas.

Le silence de Sarah indiquait très aisément qu'elle ne me croyait pas. A raison.

— Très bien. Tu n'as plus à t'en soucier dans tous les cas.

Elle farfouilla dans ses affaires, sortant d'un tiroir de son bureau un attrape-rêve. M'en emparant, une sensation de vertige m'envahit. Mes doigts touchèrent les plumes, laissant un croassement de corbeau résonner dans ma tête. Mais les fils...

Au centre, une araignée sortit ses pattes pour commencer à avancer sur sa toile formée de ces fils.

La surprise m'aurait forcé à lâcher l'objet. Je n'en fis rien, presque hypnotisée. Il ne s'agissait que d'une vision.

Levant la tête de l'objet, la situation changea tout aussi rapidement. Sarah n'était plus dans les parages et le jour semblait se tamiser dans une ambiance de crépuscule. Nous étions pourtant le matin.

— Sarah ?

Ma voix s'accompagna d'un écho, laissant le son se perdre dans la maison. M'éloignant du bureau, je sortis de la pièce. Le silence paraissait inquiétant, tout comme ces sons étendus, venus de directions insensées pour ne donner qu'une ambiance toute particulière de maison hantée.

Un rire attira mon attention, une ombre traversant le salon. Une fillette s'amusait-elle dans les parages ?

— L'araignée Gipsy, monte à la gouttière, chantonna-t-elle la comptine, la voix suivi d'un écho malaisant. Tiens voilà la pluie, Gipsy tombe par terre...

L'araignée quitta l'attrape-rêve, tombant au sol. Une mygale, pas une simple araignée. Elle attendait que je la suive. Nous montions les escaliers, rejoignant ma chambre. L'araignée se posa sur mon lit, devenant... Un garçon.

— Bonjour ?

Il me répondit d'un sourire. Nous connaissions-nous ?

Son regard se posa derrière moi. Il observait mon miroir ne renvoyant pas mon reflet.

Soudain, le garçon se retrouva à mes côtés.

— La mort emprisonne les âmes mais jamais ne les libère.

Une puissante lumière apparu depuis dehors. Je m'approchais de la fenêtre, laissant un fil rouge l'ouvrir pour moi. Puis devant mes yeux se posa un papillon. L'instant d'après, j'étais de retour dans le bureau, l'attrape-rêve dans mes mains et Sarah à mes côtés.

— Ever ?

— Désolé, j'ai eu une absence.

— Accroche l'attrape-rêve au-dessus de ton oreiller. N'oublie pas d'accueillir la lumière chaque matin pour qu'il soit purifié.

Ses directives étaient annoncées comme une évidence. Certes, ma tante Alyssa m'avait appris quelques petites choses, mais je n'avais pas eu le droit à des études de la magie poussée.

Chapitre 6

Non mais c'est vrai ! On est d'accord que si le langage est un moyen de communication, alors tous les moyens de communiquer sont des langages. Par conséquent, toutes les créatures vivantes sont douées de langage et sont aussi intelligents que les humains. Quoique, les morts aussi peuvent communiquer. Du coup, est-ce que... ?

Le monologue de Nora était, comme à son habitude, long et destiné à nul autre qu'elle-même. Aussi, lorsque brutalement je me stoppais au beau milieu du couloir, le cœur battant, elle ne s'en rendit compte que trop tard, me bousculant tout en râlant.

La situation actuelle avait tout pour me déplaire en cet instant. Les remarques de mon amie ne me détournèrent pas de mon effroi.

— Pourquoi tu t'arrêtes comme ça ? s'étonna Nora qui cessa de parler de sujets incapables de m'intéresser.

Elle jeta un coup d'œil par-dessus mon épaule et son sourire amusé en dévoila suffisamment sur sa pensée pour me pousser à sortir mon portable afin de regarder des notifications inexistantes tout en tournant le dos à ce que je ne voulais pas regarder : Hale.

— Alors le beauté ténébreuse et dangereuse te rend timide, Ever ? Ne t'en fais pas, contrairement à Raven je ne dirai rien. Motus et bouche cousue.

— Je l'ai rejeté.

— Pardon ? Tu as fait quoi ?

La mine embarrassée, j'offris seulement une grimace ennuyée à Nora.

— Dis-moi qu'il ne me regarde pas, qu'il ne m'a pas vu.

— Tu veux que je te dise ce que tu veux entendre ou la vérité ? proposa-t-elle en observant le groupe à plusieurs mètres dans mon dos. Je suis une entremetteuse hors pair. Je vais t'aider à te réconcilier alors dis-moi tout.

— Non Nora, je l'ai vraiment rejeté et il a accepté.

— Tu dois mentir, il ressemble à ces garçons amoureux de Raven. Ils la fixent en espérant qu'elle se retourne puis ils détournent le regard pour faire semblant de se foutre complètement de son existence. Si tu te retournes pour le regarder, tu peux être sûre qu'il va fixer une autre direction.

— Tu... Tu crois ?

— Bah, je connais les hommes. Ils n'abandonnent pas après un simple petit rejet. Et je suis certaine que tu as dû simplement lui dire un truc du genre qu'il te fait peur ou que tu ne sais pas trop ce que tu ressens. Autrement dit, tu n'as pas sérieusement déclaré « Non mec, toi et moi ça n'existe pas et ça n'existera jamais ».

Elle m'arracha mon téléphone des mains, me laissant simplement à mon angoisse du moment. Les cours allaient bientôt reprendre de toute manière...

— Ever, dis-moi ce qu'il s'est passé ?

— Je... Je lui ai dit qu'il me faisait peur, et il est parti.

Elle poussa un soupir et je baissais les yeux. J'avais pourtant toutes les raisons de croire que Hale était vraiment dangereux ! Je pouvais légitimement le craindre.

— Et si... Et si Raven avait raison ?

— Crois-moi, ce gars est vraiment intéressé par toi. Et pas parce qu'il veut t'arracher la tête. Allez, fais le test des yeux. Il est toujours infaillible.

Inspirant profondément, stupidement, je me retournais. Nora n'avait pas menti sur une chose. Hale, adossé à un mur en compagnie de ses deux amis occupés à roucouler, me fixait. Mais contrairement à ses attentes, il ne se détourna pas. Bien au contraire, il quitta son mur !

— Nora, lui agrippais-je la manche pour la secouer, complètement paniquée. Tu as dit qu'il détournerait le regard. Pourquoi est-ce qu'il vient vers moi ?

— Ah, c'est pas un timide. On dirait le gars qui draguait ma mère il y a quelques mois.

— Verdict ?

— Elle veut se marier avec lui.

Je me tournais totalement vers Nora.

— Sauve-moi, lui murmurais-je ma supplication.

— Tu me regardais ? murmura une voix près de mon oreille.

Que faire ? Nora me fit son plus beau clin d'œil. A mon grand soulagement, elle allai vraiment m'aider !

— Tiens, salut Hale, souria Nora en levant la main, amusée.

— Bonjour Nora. Je peux t'emprunter Ever quelques instants ?

— Je ne sais pas. Tu me promets de faire battre son cœur la chamade pour lui faire avouer qu'elle craque pour toi ?

Faisant de gros yeux ronds, paniquée et choquée par les paroles de Nora, celle-ci me fit encore un clin d'œil, apparemment persuadée d'avoir fait quelque chose de bien.

« Nora, c'est un vampire ! Et je ne sais pas encore si c'est une bonne ou une mauvaise nouvelle ! »

Je n'étais une sorcière assumée que depuis quelques heures et je n'avais pas encore pu avoir le temps d'aimer ça que déjà je le regrettais.

Me tournant pour faire face à Hale, la sonnerie annonçant le début des cours sonna très vite.

— Désolé, on parle plus tard, déclarais-je en m'éclipsant
tout aussi vite.

Mais apparemment, il en faudrait plus pour éloigner
un vampire. Aussitôt arrivée dans la classe, je m'instal-
lais à la seule place déjà entourée de camarades. Et
ces dits-camarades laissèrent leurs sièges pour Hale. Le
vampire était satisfait.

— Il faut croire que c'est mon jour de chance, souria-t-il
en posa son visage tourné vers moi sur sa main.

— Pas tant que ça, renchérie Eric en s'installant à ma
gauche. Pour toi Ever.

Il me proposa du chocolat. Nora, non loin, ne parut pas
agacée par le comportement de son petit-ami. Bien au
contraire, elle le remercia du geste à ma place.

Le chocolat était le bienvenue.

— Ever, je ne sais pas ce que j'ai pu faire pour t'effrayer.

« Tu as mangé et j'ai pu assister à un aperçu de ce
à quoi ressemble un vampire ». C'était bien suffisant

pour vouloir arrêter une relation avant qu'elle n'ait commencé.

— Ever, regarde-moi s'il-te-plait.

Et mon regard se posa sur lui. Affalé à moitié sur sa table, un sourire ravageur sur le visage, ses yeux cherchaient à capturer mon attention. Cette image ne pouvait que restée gravée dans mon esprit.

— Laisse-moi une chance de me rattraper. Ou alors rejette-moi vraiment.

— Je...

— Oui ?

Détournant mes yeux de ce vampire charmeur, je décidais de me concentrer sur le cours.

— Laisse-moi du temps.

— Je ne considère pas ça comme un rejet.

— Parce que ça n'en est pas vraiment un. Pas encore.

— Pour samedi...

— On verra, coupais-je court à la conversation, ne voulant pas promettre des choses dont je n'avais pas envie.

Hale posa sur ma table un papier alors que le professeur entrait. Un numéro de téléphone.

— Mon numéro. Appelle-moi ou jette-le.

Ce garçon était dangereux, je ne connaissais rien de lui si ce n'était ses mauvais penchants. Un vampire qui, en rêve, me pourchassait et dans la réalité tentait de m'amadouer de mots mielleux. La raison souhaitait par tous les moyens me faire ouvrir les yeux. Ceci était une mise en scène. Il voulait quelque chose de moi, et ce n'était pas mon cœur. Mais mon cœur trouvait ses propres raisons pour justifier son entêtement incompréhensible.

Il ne m'avait jamais réellement fait de mal, allant jusqu'à me sauver lors de ma noyade durant les cours de natation. S'il souhaitait quelque chose de moi, ça ne pouvait pas être ma tête, comme le supposait Raven.

Chapitre 7

Tu me demandes mon aide ?

Luke ne se retint pas de rire, visiblement bien plus amusé par la situation que Hale.

— Ever semble être proche de toi. Je voulais avoir des conseils.

— Non Hale, tu me supplies de t'aider. Mais il n'en est pas question. Je refuse de vous aider toi et tes amis à enlever Ever pour l'emmener auprès de la Couronne.

— Ce n'est pas...

A quoi s'était-il attendu en venant ici ?

— Quelque chose a changé. Qu'est-ce que c'est ? s'interrogea Luke en l'observant.

— Laisse tomber, je n'aurai jamais dû venir.

— Hale, te serais-tu attaché à elle ?

Son silence fut suffisant pour que Luke se fasse sa propre opinion de la situation. Malheureusement, il avait raison.

— Je n'arriverai pas à remplir ma mission, Luke. Je commence à éprouver... des sentiments. Le bon sens voudrait que je laisse Tristan ou Lorelei prendre ma relève, mais je n'arrive pas à m'y résoudre. Je leur fais croire que je maitrise la situation, que j'ai un plan. Je n'en ai pas. Et elle m'a rejeté. Elle a peur de moi. Mais je crois qu'elle va accepter... Tu penses qu'elle acceptera quand même une sortie samedi ? Merde, je ne sais même pas où l'inviter. Peut-être un cinéma ?

— Ah, c'est à ce point.

— Oui, s'effondra-t-il alors sur un fauteuil. C'est à ce point.

Il s'était fait avoir sur toute la ligne. Ce sort lancé pour contrôler cette sorcière s'était retourné contre lui.

— Elle est... ma Fiancée, avoua-t-il finalement.

Bien au lieu de s'énerver ou de devenir menaçant, Luke s'installa derrière son bureau.

— Hale Butcher, je vais choisir de te croire.

Ouvrant son tiroir, il en sortit une boite en bois. Hale savait qu'il ne pourrait pas y toucher. L'objet contenait une sorte de sort.

— Avant que la Couronne ne parvienne à me changer en vampire, je fus un puissant sorcier. Ou plutôt, une puissante sorcière. Ce sont vos traditions vampiriques qui ont fait de mon existence un enfer.

Il ouvrit la boite, sortant un livre.

— Lorsqu'une sorcière meurt, son âme voyage et se réincarne. Mais lorsqu'un vampire meurt, son âme disparait, parce qu'un vampire ne possède pas d'âme, Hale.

— Qu'essais-tu de me dire, Luke ?

— Le Prince héritier a donné son ordre de retrouver une personne. Une sorcière. Mais cette sorcière a été autrefois changé en vampire.

Bien sûr, Hale connaissait ces histoires. Seulement, quelque chose était différent aujourd'hui.

— Hale, raconte-moi.

— La Couronne possède une sorcière au don prophétique, capable de prédire l'avenir. Ce sont ses mots qui ont donné l'ordre. La personne que nous cherchons se trouve dans la ville entourée des collines de la vérité.

— Laisse-moi te faire un résumé, Hale, décida-t-il en sortant son livre. Le Prince a aimé une sorcière transformée en vampire. A sa mort, il s'est enfermé dans son malheur et sa rage, parce qu'un vampire mort ne revient pas à la vie. Et un beau jour, votre Sibylle a ouvert sa bouche pour affirmer à qui souhaiterait l'entendre que sa belle s'était réincarnée en sorcière. Vos meilleurs éléments ont été envoyés pour la retrouver, sans succès. Alors, en sachant qu'un vampire ne peut se réincarner, qu'y a-t-il à conclure, Hale ?

— La Sibylle ne mentirait jamais à la Couronne.

— Oh bien sûr, parce que les vampires ont le monopole du mensonge.

Il lui présenta son livre.

— Alice aux pays des merveilles ?

— Ce n'est que le livre qui importe, mais ce qu'il contient.

En l'ouvrant, il découvrit les pages découpées pour correspondre à la forme d'un miroir. Il s'en saisit, ne sachant quoi en faire.

— Pose-le sur un mur.

Il s'exécuta, posant le petit miroir sur un mur. Aussitôt, ce dernier sembla s'y coller, comme aimanté. Puis il grand pour atteindre une taille plus à même de refléter son visage et celui de Luke venu à ses côtés.

— Miroir magique au mur ? se moqua Hale en haussant des épaules.

— Nous ne sommes pas dans un conte de fées, et Ever n'est pas Blanche-Neige.

— Qu'essais-tu de faire, Luke ?

Luke leva sa main, effectuant un mouvement de pivot avec ses doigts.

— Si je ne peux ni te voir ni te saisir, laisse-moi t'arracher cette chevelure et te dérober cette opportunité.

Aussitôt, une personne apparue. L'arrière du crâne arraché, l'homme pleurait sans offrir la moindre émotion de tristesse ou de souffrance.

— Qui est-ce ?

— Tu es totalement ignare des vérités du monde des sorcières. Je te présente Kerosa, le reflet des sorcières les guidant à leur Eveil. Il prend l'apparence de la sorcière qui l'invoque mais nous sommes des vampires.

— Luke, je suis venu pour te demander des conseils concernant Ever.

— Et si tu souhaites la comprendre, tu dois comprendre son univers et les épreuves qu'elle traverse. Kerosa, s'adressa-t-il au miroir. Laisse mon ami l'occasion de se saisir d'une opportunité.

Aussitôt, le reflet disparu, laissant le miroir rétrécir et tomber. Luke s'en saisit dans sa chute, le rangeant dans son livre avant de l'enfermer à l'abri des regards : la boite ensorcelée.

— Et donc ?

— Ne soit pas impatient. Attends quelques instants. Ever ne devrait pas tarder à arriver jusqu'à toi et tu devras faire de ton mieux. L'amour n'est pas magique.

Fuir et semer mes amis s'avéra être difficile. Après les cours, Raven avait cherché à me persuader de ne plus m'approcher de Hale et Nora s'y était opposée, affirmant « L'amour a ses raisons que la raison ignore, alors ne brise pas leur lien ! ».

— Bon, par où commencer ?

Arrivée seule devant l'hôpital, je pris mon courage à deux mains, le cœur battant d'appréhension. A la recherche de réponse, mes pas m'avaient guidé jusqu'ici. Il aurait été préférable de demander conseil à ma Marâtre, mais pour des questions de vampires je préférais m'abstenir. Ma tante n'étant pas au courant non plus, et mes parents étant aux abonnés absents, il n'existait qu'une personne.

A l'accueil, on crut ma visite liée à ma tante. Mais bien au lieu de la faire appeler, je fis une autre demande :

— Est-ce que le Docteur Smith est présent ?

— Ever, as-tu un rendez-vous ?

La plupart dans les parages me connaissait grâce à Alyssa.

— Non, mais j'espérai pouvoir lui parler.

— Rebecca, je m'en charge, intervint alors celui que je souhaitais voir.

Le docteur m'emmena avec lui jusqu'à son bureau. Et dans son bureau...

— Hale, je vais devoir écourter notre discussion, déclara-t-il au vampire.

Hale fronça les sourcils, son regard se posant sur moi. Son étonnement n'eut rien d'anormal, tout comme le mien. Nous croiser après les cours au même endroit, avec une même personne...

— Très bien, hocha-t-il de la tête en s'apprêtant à partir.

Au moment de passer à côté de moi, un frisson me traversa le corps. Ma main bougea d'elle-même, s'emparant de la manche de Hale comme pour le retenir.

— Ah, je suis désolée.

Il eut un regard vers Luke avant de m'offrir un sourire à damner les saints.

— Ever, je t'ai vu enregistrer mon numéro en cours. Tu m'appelleras, n'est-ce pas ?

— Je... Non, je ne pense pas.

— Ne me donneras-tu donc aucune chance ?

Stupide cœur !

— Samedi. On se verra samedi.

Ce qui suivit fut comparable à une flèche en plein cœur. Le regard de Hale sembla pétiller de bonheur, une aura de lumière illuminant son visage à l'expression si sincère qu'il me sembla n'avoir jamais été témoin que de mensonge jusqu'à présent. Cette joie pure et innocente avait de quoi dérober le cœur de n'importe qui.

— Parfait, souria-t-il à pleines dents. Alors je viendrai te chercher samedi.

— Ah, il vaut mieux se retrouver au...

— Vous deux, nous interrompit alors Luke. Je suis un médecin plutôt occupé, bien que je n'en donne pas l'impression.

Timidement, Hale s'écarta de moi, saluant rapidement Luke avant de partir pour nous laisser seuls.

— Tu es devenue écarlate.

Posant mes mains sur mes joues, je tentais de cacher la teinte carmine.

— Ce garçon te fait de l'effet, n'est-ce pas ?

Je n'étais pas là pour ça. Je devais apprendre certaines choses, en comprendre d'autres. Luke, sans même user de mot, m'avait introduite et protégée de ce monde surnaturel avant même que je ne prenne réellement conscience d'en être une actrice.

Pour la sorcellerie, Sarah ne pouvait qu'être la plus à même de me guider. Mais pour le reste... Je souhaitais un regard extérieur. Et j'avais confiance en Luke. Une confiance injustifiée, anormal sans doute, mais de celle que l'on se découvrait à l'encontre des personnes côtoyées depuis des décennies. Le genre d'individu qu'une personne de mon âge se vantait parfois de connaitre sans réellement en avoir dans son entourage.

— Luke, est-ce qu'une sorcière et un vampire...

La question n'était pas posée, mais l'homme n'eut aucun mal à la décrypter. Il eut un sourire amusé.

— Les vampires sont de véritables enfoirés. Possessifs, égoïstes et voraces, leur amour se transforme en obsession.

Le portrait court qu'il m'en donna ne me mit pas en confiance. Accepter de donner une chance à Hale serait-il finalement mon premier pas me destinant à la tombe ?

— Mais je suppose que chaque vampire est différent, malgré ses instincts. Il est souvent arrivé que des vampires et des sorciers soient liés, parfois obligés par le destin.

Cette dernière remarque me parut aussi poétique qu'inutile. Mais si les vampires et les sorciers ne s'étripaient pas toujours, alors avais-je une chance de ne pas me faire égorger si Hale découvrait ma nature ?

— Les vampires et les sorciers se haïssent depuis bien longtemps, garde cela à l'esprit. Et les vampires ont des traditions.

— Des traditions ?

L'absence de précision de sa part me parut inquiétante. Que me cachait-il que je devais absolument connaitre ?

— Si jamais le vampire que tu aimes cherche à te contraindre, viens me voir Ever.

Il s'approcha, ses deux mains prenant mon visage en coupe. Lorsque son front se posa contre le mieux, que nos yeux se fermèrent, il me sembla que tous les problèmes du monde disparaissait. Luke était apaisant, tout simplement.

— Ever, je saurai te protéger de tous les dangers. Qu'il s'agisse de la Couronne ou du Cercle. Qu'importe ceux qui voudraient te causer du tort, je leur livrerai une guerre acharnée pour te rendre ton bonheur et ta liberté.

— Pourquoi ?

Mon interrogation l'interpela, comme si elle n'aurait jamais eu lieu d'être.

— Mais parce que nous serons toujours liés l'un à l'autre.

Chapitre 8

C'est réglé, annonça Hale en entrant dans le salon.

Lâchant le livre qu'il semblait être en train de feuilleter, Tristan se levant pour aller le féliciter d'une tape dans le dos.

— Tu as réussi à la faire tomber pour tes beaux yeux ?

— Calmes-toi mon ami, je suis parvenu à la faire changer d'avis pour samedi.

— Si ça marche vous deux, on aura qu'à mentir à la Couronne.

— Tristan, pourquoi tu... ?

— A d'autres, ça saute aux yeux que tu l'as dans la peau.

Tristan semblait avoir perçu bien avant lui ce que Hale avait pourtant tant eu de mal à comprendre : il appréciait vraiment cette sorcière.

— C'est à cause du sort.

Descendant des escaliers, Lorelei ne partageait pas la confiance de son compagnon.

— Et dès que tu en seras libéré, tout redeviendra comme avant, Hale.

Elle tenait un téléphone dans ses mains, annonçant ses intentions.

— Je t'interdis de...

— J'ai déjà fais ce que j'avais à faire. Alors tu devrais annuler ta petite journée avec cette sorcière parce que demain Dame Cross nous rendra visite.

— Lorelei, qu'est-ce que tu as fait ? s'horrifia Tristan.

Il se tourna vers Hale, constatant la colère de ce dernier. Aussitôt, il se plaça devant lui, l'empêchant d'aller arracher la tête à cette blonde, ne se gênant pas pour siffler et grogner de mécontentement.

— Tu as appelé Charlotte ? Est-ce que tu es devenue tarée ?

— Non, j'ai appelé la Couronne. Estime-toi heureux que je n'ai divulgué que ta sorcière était celle recherchée par la Couronne. On ne se serait pas contenté de t'envoyer ta Fiancée.

— Elle n'est pas ma Fiancée !

— Les vampires ont des Fiancées ?

Raven m'arracha le livre des mains, à la fois surprise et répugnée.

— Je pensais que tu n'aimais pas lire.

— Ta mère m'a fait changer d'avis. Je trouve bien plus d'information sur ce monde surnaturel dans les livres que sur internet.

— Ta tante t'a appris des trucs.

— Pas suffisamment. Je dois reprendre mon apprentissage. Et je commence avec les vampires.

— Tu es officiellement une sorcière depuis peu, il y a des sujets plus importants.

Elle ne me rendit pas mon livre et le combat de regard entre nous deux ne ferait jamais de moi la gagnante, ce qui amusa visiblement Nora.

— Oh, allez Raven. Tu peux bien la laisser comprendre.

— Non. Et si vous continuez toutes les deux, j'irai prévenir ma mère, sa tante et le familier de ma mère.

— Un familier ? haussais-je les sourcils.

— Chaque sorcière possède un familier, sous la forme d'un animal. Tu verras ça pendant ton Eveil avec ma mère, dont le familier est le corbeau.

Elle pointa alors les oiseaux noirs perchés sur un chêne au dehors. S'agissait-il du corbeau semblant appartenir à la famille de Raven ?

— Alors vous avez aussi des familiers ?

— Renard, s'excita Nora en levant la main. Et Nora avait une araignée.

— Qu'un vampire a tué, rappela-t-elle avec amertume.

Je n'aimais les araignées. Peut-être l'aurai-je également écrasé si je l'avais un jour croisé ?

— Ah oui, ce genre de chose arrive, s'attrista Nora. Lorsque le familier d'une sorcière meurt, un nouveau le remplace grâce à un rituel.

— Quel genre de rituel ?

— Le jour des Saints Innocents, acheva Raven avant de balayer la discussion d'un geste de la main. Ça ne regarde que moi, je n'ai pas envie d'en parler.

Elle s'installa sur le lit, rejoignant Nora tandis que je reprenais le livre piqué dans la bibliothèque de Sarah la sorcière.

— Les vampires sont peut-être des bêtes, commença Nora. Mais ils sont extrêmement purs et honnêtes lorsqu'il s'agit d'amour. La Fiancée est le nom que l'on donne à la partenaire du vampire, celle qu'il aime, un amour désigné par le destin. Si fort qu'aucun sort ne saurait le brisé. Pas même la mort. Je trouve ça si romantique.

Elle serra un coussin contre son cœur, totalement rêveuse.

— Comme des âme sœur ? proposais-je alors.

— Non, rétorqua du tac au tac Raven. Ce terme est très spécifique. Les âmes sœurs sont bien différents. Il arrive que deux âmes soient nées sœurs. La plupart du temps, on constate le phénomène chez les jumeaux ou encore dans les fraternités de sorciers puisque les âmes des sorciers ont tendance à se réincarner dans une même branche familiale. Ce qui est tant mieux.

— Imagine que deux âmes sœurs tombent amoureuses ? Un inceste de l'âme... Trop glauque.

Ce monde était vraiment plus complexe que prévu, avec un vocabulaire qui lui était propre et des définitions différentes de ce que l'on pouvait apprendre sur le net ou dans les séries.

Un seul mot me venait, et ce n'était pas l'ennui mais le terme « fascinant ». J'allais vraiment prendre goût à cette nouvelle vie m'ouvrant ses bras. Ça et... Hale.

Ma main caressa la couverture du livre parlant d'un seul sujet : les vampires. Et si Hale et moi étions...

Mes joues rougirent à la seule idée que je puisse être cette Fiancée dont on faisait l'évocation. Si c'était le cas, il ne pourrait jamais me haïr malgré notre différence et les conflits entre nos deux espèces.

— Alors, tu lui as envoyé un message ? s'intéressa Nora. Vous allez vous voir ?

— Oui, on va se revoir.

— Oh, oh, tu as finalement décidé d'accepter tes sentiments ?

— Quels sentiments ? s'imposa de nouveau Raven.

— Ever a écouté mes conseils et elle va enfin fréquenter Hale.

Raven n'en fut pas ravie, bien au contraire.

— Bien, alors tu ne me laisses pas le choix. Ever, Hale et sa bande sont des vampires.

Pensait-elle que cela pourrait changer quelque chose ?

— Je sais.

— Tu sais ?

— Mais il ne sait pas encore que je sais. Et je sors avec lui samedi.

Nora leva la main, m'obligeant à frapper dans la sienne alors qu'elle lançait un « Bien joué ! ». Raven ne partageait absolument pas ce même engouement.

— Putain Ever ! Qu'est-ce que tu fous, merde ? Je t'ai dit de ne pas les approcher. De ne pas l'approcher !

— Je ne peux pas m'en empêcher ! finis-je pas lui tenir tête en me levant, comme agacée par ses remarques et sa motivation à m'empêcher de suivre mes envies, aussi dangereuses puissent-elles être.

L'affirmation jeta un froid, mais pour la première fois depuis longtemps, je me sentais bien. Je me sentais vivante. Je me sentais réelle.

— Toute ma vie, tout ce que j'ai connu ce n'était que des médicaments et un entourage m'affirmant que mes visions et mes sensations étaient des illusions. Mon corps me mentait, mes sens me mentaient. Mais lorsqu'il est apparu, j'ai senti. Juste... senti, répétais-je en posant ma main contre ma poitrine, contre mon cœur.

Je venais de faire un pas en avant, le haut de mon corps penché, prêt à bondir pour crier des mots qu'on ne pouvait comprendre, parce que de telles émotions ne pouvaient être comprises sans les vivre.

Et malgré l'immense délivrance qui emballait mon cœur, des larmes embrumèrent ma vue, s'accumulant sans oser glisser le long de mes joues. Timidement, pousser par de nouvelles, elles furent pourtant obligées de s'exprimer. Comment Raven parvenait-elle à être aveuglée ainsi par la haine et la peur ?

Je n'étais peut-être pas légitime pour une telle critique, moi-même ayant ressenti cette crainte à l'encontre du vampire.

— Je l'aime.

Venais-je réellement d'affirmer à haute voix ces quelques mots ? Etaient-ils réels pour autant ?

— J'aime sentir son regard posé sur moi en espérant que je me retourne pour le trouver. J'aime son sourire en coin qu'il ne souhaite pas montrer par timidité. J'aime lorsqu'il joue le tombeur, qu'il devient arrogant pour chercher à m'atteindre. Son touché glacial ne me dérange pas et ses crocs ne m'ont jamais agressé.

— Ever, c'est un vampire et tu es une sorcière. S'il ne te tue pas, c'est qu'il se sert de toi.

— Je ne suis pas une sorcière !

Les mots étaient sortis tout seul, par habitude de toujours devoir réfuter cette vérité. Bien sûr que j'étais une sorcière, et aujourd'hui cela devenait à la fois une bonne et une mauvaise nouvelle.

La magie me tendait les bras, un amusement au rendez-vous et une émerveillement de chaque jour. Seulement, elle comportait son lot de danger. A commencer par les vampires. Les vampires et les sorciers ne s'aimaient, ils s'entretuaient. J'étais une sorcière et Hale un vampire. Etais-je une idiote de vouloir croire en ce qui nous liait?.

Chapitre 9

Quelques étapes précèdent à l'Eveil d'une sorcière.

Avoir un cours au samedi matin aurait pu être déplaisant. Néanmoins, avec les sujets proposés par Sarah, il y avait peu de chance pour que j'en sois ennuyée. Je commençais tout juste à découvrir ce monde, j'avais seulement hâte de pouvoir m'amuser avec la magie. Parmi tous les Eveils possibles ceux concernant les éléments me paraissaient être les plus intéressants. Fort heureusement, ils étaient également les plus répandus.

Avec l'aide de Sarah, j'allais pouvoir me préparer correctement à ce futur.

— Le plus important serait de t'apprendre les règles du monde des sorcières mais l'Eveil est dangereux dans ce qui le précède, donc nous verrons le reste plus tard.

Sur la table était disposé un livre, un miroir et un ordinateur portable.

— Comme tu as pu déjà le constater, avant l'Eveil, la sorcière se voit habitée de tous les dons possibles. Ces derniers se manifestent de manière hasardeuse, répondant aux fortes émotions et aux désirs de la sorcière. Mais ce n'est que la partie spectaculaire de l'Eveil. Une étape parmi quelques-unes.

Elle ouvrit le livre, présentant des textes accompagnés d'illustrations. Notamment l'une qui sembla être importante pour Sarah – elle avait tourné les pages jusqu'à celle-ci – fut celle d'une femme penchée au-dessus d'un lac, observant un reflet lui ressemblant mais pourtant différent.

Cette image fut une piqûre de rappel pour quelques évènements survenus en rêve.

— Devenir une sorcière est un choix guidé. Il faut être prête pour l'accueillir. Nous avons alors la visite de

Kerosa. Et je suppose que tu l'as déjà rencontré, n'est-ce pas?

— Je pense que oui. Je fais un rêve récurant.

Mes doigts se posèrent sur l'illustration, tournant les pages pour survoler les écrits sur cette créature appelée Kerosa. Cette entité apparaissait à plusieurs étapes de vie d'un sorcier. Sa première apparition consistait à faire accepter sa nature de sorcière et à s'éveiller comme tel. Apparaissait alors la marque.

Observant la tache dans ma paume, certaines choses parurent bien moins mystérieuses.

— Je me vois depuis l'enfance dans une forêt, devant un miroir. Un immense miroir caché sous un drap. Durant un temps, il m'a semblé impossible de le tirer, je ne m'en sentais pas capable. Et lorsque j'ai réussi...

C'était à partir de cet instant que tout avait semblé changer.

— Je possède la marque, lui présentais-je alors.

— Kerosa viendra souvent te rendre visite. Jusqu'à ce que tu saisisses cette opportunité.

A l'entente de ce dernier terme, un vertige sembla en troubler sa prononciation.

— Je suis prête à me saisir de l'opportunité.

— Tu as donc déjà franchi cette étape, me sortit-elle de mes pensées. Tu vas plus vite que prévu. A ce rythme, tu risques de t'éveiller avant les 1er Novembre.

— Est-ce un problème ?

L'absence de réponse s'accompagna de plusieurs longues secondes avant que Sarah ne secoue de la tête.

— Ce n'est pas un problème en soit, mais si ton Eveil se produit durant la nuit de 31 octobre au 1er novembre, ça pourrait être un signe qui intéressera le Cercle d'un peu trop près.

Halloween, on ne pouvait pas faire plus cliché pour des sorcières.

— Après l'opportunité, qu'est-ce qui se passe ?

— Kerosa disparait et le familier se manifeste. C'est alors à son tour de te guider et de te protéger. Petit à petit, les Eveils disparaissent pour n'en laisser qu'un seul. L'Eveil se manifeste par une explosion de don. Aujourd'hui, nous pouvons calculer la date et l'heure

d'Eveil, nous permettant de mettre en place une céré-
monie accueillant l'Eveil. C'est préférable au fait de laisser une sorcière se manifester devant des humains. Ensuite, le Cercle te rendra une petite visite. Des détails
administratifs la plupart du temps.

Tout ceci me permettait de comprendre au moins une
chose : je n'avais rien à faire, juste à me laisser porter.

— Le miroir, c'est pour quoi ?

— Pour Kerosa. Mais tu sembles déjà avoir passé ces
étapes. Je suis impressionnée par ta force. D'autres
seraient devenus fous depuis longtemps sans personne
pour les guider. D'autant que Kerosa peut faire perdre
la tête lorsqu'elle se manifeste dans la réalité.

— Elle ne s'est manifestée que durant mes rêves. Le fait
de toujours fuir les miroirs a dû jouer.

De nouveau ce silence particulier.

— Ever, prend le miroir.

Je m'emparais de ce dernier.

— Observe ton reflet, et dis-moi ce que tu vois.

Jouant le jeu, je plongeais mon regard dans le miroir. Il n'y eut rien d'autre que moi et un malaise étrange, habituel.

Sarah s'empara du miroir pour le poser face caché. Avait-elle comprit mon angoisse ?

— Tu as vu autre chose que ton reflet, n'est-ce pas ?

— Non. C'est juste... Je n'aime pas me regarder.

Elle n'eut pas l'occasion de m'en dire davantage. Raven nous rejoignait, ce qui était étonnant étant donné qu'elle dormait jusqu'à ce que sa mère l'appelle pour manger habituellement. Le fait que Nora ait dormi avec nous cette nuit devait avoir joué.

Je fus surprise de voir un groupe de plusieurs grenouilles l'accompagner en croassant bruyamment avant de disparaitre. Encore une illusion.

— Y'a Charmant qui est arrivé.

Ceci expliquait cela. Ma dernière vision avec des grenouilles avait accompagné le coach français. L'homme arriva à son tour dans le salon, un grand sourire charmeur au visage alors qu'il s'apprêtait à garder en forme Sarah et à m'en apprendre davantage aux techniques de combats.

— Ever More, j'ai appris que tu avais enfin accepté le fait d'être une sorcière. Alors ce matin je te réserve ton lot de courbature. Je vais commencer à t'entrainer au combat avec les vampires.

Dague en argent, pieu en bois, eau bénite. Mais pas d'ail. Je pris la dague en main, laissant les autres objets sur le banc dans la salle de sport de Sarah.

— Les vampires ne craignent pas l'argent, rappelais-je à Charmant.

— Je peux t'assurer qu'ils le sentiront passer. Ce n'est pas mortel mais ils restent allergiques à ce métal. Il l'est affaiblit et ralenti leur guérison. Quant à ce pieu en bois...

Il s'empara de ce dernier, affichant une mine fière.

— Bois de chêne, et plus précisément celui d'un sanctuaire de druides.

Les druides existaient également comme une espèce surnaturelle dans ce monde ?

— Mortel pour des créatures maudites, tel que des morts. Ou des vampires, proposa-t-il avant de le reposer.

— Et l'eau bénite ?

— Non, une simple potion. Création Blackwood.

Il se tourna vers Sarah qui, humblement, mima un salut noble et chevaleresque., à la manière d'un acteur ayant fini sa pièce de théâtre.

— Mais dans ta famille, me pointa-t-il alors du doigt. Vous êtes plus friands de ceci.

Fouillant dans son sac, une grenouille en sortit, une collier en bouche.

— Ranae, donne-moi ça, réclama Charmant en français.

La grenouille obéis aussitôt, me laissant alors découvrir le pendentif de ce collier. Identique à celui que m'avait offert ma mère et que j'avais cassé. Un triskell.

— Connais-tu sa signification ?

— Il en a de nombreux.

— Mais avec ta famille, l'une de ces significations est bien plus utilisée, n'est-ce pas ?

En effet, Charmant avait raison sur ce point. Une chose que j'évoquais rarement, sans doute parce que mes parents refusaient souvent de discuter avec moi de tels sujets.

— S'endormir, rêver et s'éveiller.

Le sommeil, le rêve et l'éveil. Avec un peu de recul à présent, je me rendais compte du double sens de « l'éveil ». Cela avait-il un rapport avec l'Eveil d'une sorcière ? Je n'étais pas suffisamment douée de naïveté pour croire le contraire.

— C'est de cette symbolique que votre famille tire toute sa puissance.

— Les More ? Je ne savais pas que nous étions puissants.

— Il s'agit plutôt de la puissance des Mortelet.

Comprenant que ses paroles n'avaient pas de sens pour moi, il posa le bijou.

— Je vois. Madame Blackwood, que diriez-vous de reporter notre séance ? Vous serez sans doute d'accord avec moi si je vous dis qu'Ever a besoin d'un cours de généalogie.

— Et je pense que vous serez plus apte pour ceci, étant donné les origines françaises que vous partagez tous deux.

Il secoua de la tête, ne partageant pas son opinion.

— Il est temps d'appeler Alyssa. Vous êtes sa Marâtre, l'empêcha-t-il de réfuter sa proposition. Le Cercle n'osera pas encore quoique ce soit. Pas tant que son Eveil ne sera pas total.

Peut-être n'était-ce pas la bonne mentalité à avoir, mais je me doutais que cette nouvelle tournure, cette nouvelle « leçon », allait prendre plus de temps que prévu. Même si j'aimais ma tante et que j'avais hâte de revoir Luna, j'avais un rendez-vous important.

— Je ne peux pas aujourd'hui.

Sans surprise, l'étonnement gagna Sarah. Le doute ne persista pas longtemps en mon cœur lorsqu'en sortit un fil rouge. Celui-là que je percevais depuis mon arrivée à True Hills. Celui me liant à Hale.

Il ne faisait pas de doute quant à la nature de notre relation. Ce que je ressentais, c'était un certain attachement noué par le destin avec un vampire. Pour cette raison,

je n'avais pas à craindre d'être une sorcière à ses côtés.
Je souhaitais le croire.

Chapitre 10

Les quelques moments passés avec Ever avaient permis à celui qu'on s'évertuait à surnommer Charmant de brièvement comprendre la fille des More. Ni timide, ni craintive, elle se pliait néanmoins à la plupart des demandes, fuyant tout conflit. Ce n'était pas par peur mais davantage par apathie. Des yeux perdus à observer l'invisible, l'esprit traversé par des pensées fermées à la curiosité de son entourage, la sorcière était capable d'écouter son instinct. Son corps se défendait aisément et avec de l'entrainement elle pourrait être envisagée dans une sérieuse carrière de gardienne. Comme ses parents.

Les gardiens protégeaient le peuple sorcier des dangers, traquant les menaces pour les éliminer. Priscilla More était sans aucun doute l'une des plus grandes gardiennes de l'Histoire de la sorcellerie, tout comme on pouvait l'attendre des descendants d'Alice More. Ever serait définitivement tout aussi douée.

Mais son refus soudain de ne pas vouloir venir avec eux à la rencontre d'Alyssa était un signe étrange de quelque chose dont on ne comprenait pas encore l'identité.

Ever ne refusait jamais aussi catégoriquement. Cela aurait pu être rassurant, le signe qu'elle prenait en maturité et devenait capable d'imposer ses souhaits. Pour autant, il dissuada Sarah de tenter quoique ce soit lorsque Ever décida de les laisser sans même avoir pu commencer une séance de sport ou encore discuter davantage de cette histoire de descendance. Ever était bien trop curieuse pour manquer une telle occasion.

— Que fais-tu, Charmant ?

Charmant tendit sa main. Ranae monta dans sa paume avant d'exploser en poussières de lumière pour laisser apparaitre une baguette magique.

— Voile de mystère, écarte-toi pour qu'à mes yeux apparaisse la vérité.

Du français que Sarah ne devait comprendre que quelques termes. La sorcellerie française resterait toujours plus puissante, avec les charmes en latin.

Aussitôt, les couleurs du monde prirent plus d'intensité et de texture, devenant vivifiante. Au loin, Ever rentrait. Charmant eut tout de même cette brève occasion d'apercevoir une image de la vérité.

— J'ai cru comprendre que ta fille et son amie Nora étaient chez toi ? Tu devrais les faire venir.

— Que se passe-t-il ? Tu m'inquiète Charmant.

— J'espère bien. J'ai vu une corde se nourrir du cœur d'Ever.

Il rentra au plus vite. Il fallait arrêter Ever. Elle était sous l'emprise d'un sort très puissant : la chaine de l'amant.

***

La souffrance. La peine. La folie. Ces trois douloureux aspects maquillaient la scène déchirante d'un homme à la poitrine vide, le cœur arraché saisi dans sa main et tendu en offrande à une sorcière malicieuse. Il s'agissait d'un sort.

Mes doigts survolèrent les tracés de ce dessin. Sarah et Charmant m'avaient arrêté pour me montrer ce livre et cette page précisément.

— La Chaîne de l'Amant. Pourquoi vouliez-vous me montrer ce sort ?

Attendaient-ils de moi que j'apprenne à jeter de mauvais sorts ?

— De la magie noire ?

— De la magie rouge, me corrigea Sarah. Ce n'est pas le plus important. Tu dois d'abord lire la description Ever.

Mon rendez-vous pouvait encore attendre.

Apparemment, ce sort était jeté pour imposer à sa victime une obéissance absolument. La personne tombait éperdument amoureuse du sorcier ayant jeté le maléfice, créant l'illusion que son obéissance n'était qu'un acte de loyauté et d'amour.

— Il existe trois moyens de briser le sort.

Le premier consistait à faire prendre conscience du maléfice à la victime. Simplement lui annoncer être sous l'emprise ne suffisait pas. La victime devait s'en rendre compte par elle-même.

La deuxième possibilité reposait sur l'esprit du malheureux. Si le receveur du sort était plus fort que le lanceur, alors le charme serait brisé.

Quant à la troisième solution...

— Si le lanceur tombe amoureux de sa victime, la Mort sera arbitre du vainqueur, citais-je sans véritablement comprendre ce que je lisais.

— L'amour vrai se confronte à l'amour artificiel. Les deux ne peuvent se mêler. Alors l'un des deux doit mourir, tenta de m'éclairer Sarah. Et bien souvent, la sorcière meurt pour une seule raison. Les vampires n'ont pas d'âme.

Ce sort était parfois lancé pour obliger à l'amour.

— Les vampires en avaient recours pour obliger le sorcier désiré à se soumettre à leur obsession ?

— Les vampires ont été la principale clientèle de ce sort pour une raison très simple. Le vampire ne tombe amoureux qu'une seule fois. Cet amour est appelé « obsession » justement parce qu'ils ne peuvent s'en détourner. Et si par malheur la victime de cette obsession est un sorcier, il est rare que le sorcier accepte bien gentiment ce genre de sentiment morbide.

— Mais un vampire et un sorcier peuvent tomber amoureux. Peu importe les conflits entre les espèces.

— Ever, tu ne comprends pas, intervint Charmant. L'amour d'un vampire est un poison. S'il tombe amoureux d'une sorcière, le destin de cette dernière sera tout tracé. Elle mourra.

— Pourquoi dis-tu ça ?

— Il s'agit d'une tradition. Tout comme nous nous embrassons pour exprimer notre affection, par amour le vampire transformera cette sorcière qu'il estime être sienne.

La transformer ?

Devenir un vampire...

Quelque chose me perturbait. Les deux m'avaient empêché de monter me préparer pour me montrer ce sort puis me parler des relations romantiques entre les vampires et les sorciers.

— Pourquoi me dites-vous tout ça ?

Ils s'échangèrent un regard, inquiets.

— Attendez, je n'ai jamais parlé de ma relation avec un vampire.

— Tu l'as fait de toi-même à l'instant, Ever, me rappela Sarah.

— Maintenant que nous savons que ce sort a été lancé par un vampire, il faut que nous te protégions. Au moins jusqu'à ce que nous puissions te débarrasser du maléfice.

— Hors de question ! D'abord Raven, maintenant vous ! Laissez-moi faire ce que je veux.

Tout à coup, répondant à mes cris, une sorte d'énergie m'échappa pour repousser les deux sorciers plusieurs mètres plus loin. Sarah tomba au sol tandis que Charmant, bien plus habile et habitué au combat, parvint à rester sur ses appuis.

— Voici comment fonctionne le sort, commença-t-il à m'expliquer. Une fois lancée, lorsque la victime pose ses yeux sur le lanceur, elle est charmée. Cette personne devient magnifique à ses yeux, le monde lui parait plus radieux. Une attirance en apparence candide. Il s'agit de la phase d'envoûtement. Ensuite apparait la phase de rejet. La victime prend peur, le doute enveloppant son cœur. Ce n'est qu'un leurre utile pour mieux berner ses sentiments. Puis vient la phase d'isolation. La victime se détache peu à peu de son entourage pour ne bientôt plus vouloir qu'être avec le lanceur. C'est durant cette étape que le lanceur peut contrôler entièrement sa victime.

Ce qu'il racontait rencontrait quelques similitudes avec ma propre expérience. Seulement, la plupart des relations commençaient sur de telles bases ! Cela n'avait pas le moindre sens d'affirmer que j'étais sous l'emprise d'un sort.

— Et vient l'Emprise. Le charme a totalement pris le contrôle. Le retour en arrière est impossible.

Charmant s'approcha, prenant le livre pour me pointer l'image de l'homme s'arrachant le cœur de la poitrine.

— A terme, voici ce qui attend la victime. Par amour, elle donnera son cœur à son bourreau.

En reposant le livre sur la table, le bruit résonna dans ma tête, comme un écho. Le son sifflait.

Quelle était cette sensation, ce sentiment chancelant ? Confuse, ma main s'avança, mes doigts se desserrant avec cette intention tout aussi incertaine de me saisir de quelque chose. Mais de quoi exactement ?

Puis ils se posèrent sur le dessin. A son contact, tout autour de moi se figea pour s'éloigner. L'image me projeta en un lieu bien différent, en une époque n'ayant rien du présent.

Une femme se tenait devant une fenêtre. La chambre, spacieuse, ne renvoyait qu'un sentiment glacial. Pourtant, elle souriait.

Un lapin débarqua par magie à ses côtés. Inquiet, il chercha le contact de sa maîtresse. Elle était dans l'impossibilité de lui rendre sa tendresse.

— Je suis en retard..., sembla-t-il murmurer sans aucun mot.

Effectivement, le familier arrivait en retard pour sa maîtresse. Des crocs avaient remplacé sa sorcellerie depuis longtemps et son cœur...

— Je lui donnerai tout.

La porte s'ouvrit, le lapin partit se cacher. Un homme entra, embrassant sa femme vampire.

— Montre-moi que tu m'aimes, Alice.

Mais bien au lieu de l'embrasser comme il s'y serait attendu, Alice recula, toujours souriante. Et ce fut avec ce même sourire qu'elle s'empara d'un couteau pour s'ouvrir la poitrine. Le vampire hurla, cherchant à l'empêcher d'aller plus loin mais la magie faisait son œuvre. On ne pouvait l'arrêter.

Lorsqu'elle s'arracha le cœur pour le lui tendre, son corps de vampire sembla perdre son immortalité et son invulnérabilité.

Le familier disparu. La Mort avait libéré sa maîtresse.

L'instant d'après, je basculais en arrière. Charmant me rattrapa de justesse pour m'aider à m'assoir. Ce qui avait duré quelques minutes ne fut que de simples secondes. Une vision du passé, sans doute.

— Qu'as-tu vu ? me questionna Sarah, consciente de ce que je venais de vivre.

Elle était une Marâtre, c'était son travail de cerner ses protégées. Bien sûr qu'elle devinait ce qui était arrivé.

— En touchant le dessin, tu as vu quelque chose, affirma-t-elle.

— Une femme s'arrachait le cœur. Un vampire du nom d'Alice.

Les deux s'échangèrent de nouveau un regard.

— Alice Mortelet, ta grand-mère, annonça alors Charmant.

— Non.

Je me levais, pointant un doigt accusateur.

— Vous cherchez... En fait, qu'est-ce que vous cherchez à faire ? Je suis une gamine qui a un crush. Ce n'est pas méchant, ce n'est pas « maléfique ». Alors fichez-moi la paix ou bien le premier sort que j'apprendrai vous changera en escargot ! Et j'adore manger des escargots.

Chapitre 11

Tout ce sang... Cette vision me revenait à l'esprit en boucle. Celle d'Alice s'arrachant le cœur. Pourquoi l'amour provoquait-il une telle violence ? D'autant qu'il ne s'agissait pas de magie noire.

Du peu que j'en savais, la magie noire était la nature la plus cruelle de la magie, la plus sombre. Elle pouvait apporter mort et destruction, transcender toutes les lois de l'univers pour répondre aux desseins criminels et immoraux de son lanceur. Mais avec une telle magie, il y avait toujours un prix à payer.

Hors, il ne s'agissait pas de magie noire. Si prix à payer il y avait, ce ne serait pas au lanceur de le payer. La magie rouge était une magie agissant sur les émotions et les sentiments. Rien de réellement méchant en temps normal. Une simple influence. Les filtres d'amour en étaient des produits mais même ces potions avaient leur limite. Hors, le Chaîne de l'Amant ne semblait en avoir aucune.

Hale m'aurait-il réellement lancé une telle chose ? Nous ne nous étions jamais rencontrés auparavant. Cela paraissait dément. Aucune raison ne pourrait rendre logique l'usage d'une telle entreprise ! Pourquoi se donner autant de mal ?

— Voilà pour toi.

Sortant de mes pensées, mes mains s'emparèrent du bubble tea par automatisme.

La fête foraine, un bubble tea et un gars craquant vêtu normalement. Pour un rendez-vous avec un vampire, je ne savais pas si la soirée commençait bien ou si tout ceci était étrange.

« Tu t'attendais à une soirée au cimetière à boire du sang de vierges en compagnie de débiles en cape noir ? »

— Je n'ai jamais vraiment fait ce genre de rendez-vous avant, sembla s'excuser Hale avant de me tendre la main. Mais je suppose que ce genre d'endroit est parfait pour trouver de quoi nous amuser.

Il me traina avec lui à différent stand. Son enthousiasme sautait aux yeux, il aurait été stupide de croire que ce vampire possédait de mauvaises intention à mon égard alors qu'en ce moment ce dernier révélait un aspect différent de sa personnalité. Un côté enjoué et sincère.

Et je ne faisais aucun effort, broyant du noir tout en me remémorant ma discussion avec Sarah et Charmant. Je devais aussi y mettre du mien !

Passant à côté du classique stand de carabine, je l'arrêtais dans son élan d'aller ailleurs.

— Hale, et si on commençait par un classique ?

— Tu veux que je te gagne une peluche ?

Devais-je accepter alors que je mourrais d'envie de tirer ?

Hale se pencha vers moi, sa main se posant sur mon épaule tandis que ses lèvres s'approchaient de mon oreille.

— Et pourquoi pas une compétition. Celui qui remporte la victoire choisi le prochain lieu.

Murmuré ainsi, mon cœur loupa un battement. Mais Hale avait saisi mon envie de tirer sans rejeter son propre désir de s'amuser. Alors le défis fut une simple excuse pour s'amuser tous les deux.

Prenant chacun cinq plombs, nous pouvions commencer. Mais si Hale était un vampire, ce n'était pas pour autant qu'il serait capable de me vaincre. Toute femme se devait d'avoir ses secrets. S'ils étaient nombreux de mon côté, l'un d'entre eux apporterait sa défaite à Hale.

Mon premier tir élimina deux ballons sur les trois, et je dû gaspiller un plomb pour un ballon. Le troisième plomb et le quatrième eurent le même avenir. Mais le dernier plomb...

« Trois ballons ! »

Avec le sourire, je me tournais vers Hale, fière de mes neufs ballons exploser.

Seulement, lorsqu'avec ses cinq plombs le vampire parvint à dégommer douze ballons, mon assurance disparu d'un claquement de doigt.

— Je crois que j'ai gagné, déclara-t-il fièrement, le fusil encore dans les mains.

Plus surprise qu'impressionnée, je m'emparais de la peluche offerte par nos victoires, acceptant de prendre la main de Hale. Une main au contact glacial qui m'arracha un frisson.

Si je voulais croire m'être habituée à ce frisson, la réalité me rattrapait. Hale étai un vampire. Il ne pourrait jamais m'apporter de chaleur.

Cela avait-il même de l'importance ?

Hale finit par me conduire au lieu de son choix : une maison hanté. Y avait-il quelque chose d'original à s'aventurer dans une telle attraction avec le garçon sur lequel on craquait ?

— Tu as perdu, me rappela-t-il avec le sourire.

J'avais effectivement perdu. C'était dur à admettre mais c'était la vérité.

Ma mine boudeuse le fit réagir :

— C'est la vie, prononça-t-il en français, souriant de toutes ses dents.

Cherchait-il à m'impressionner en parlant dans ma langue maternelle ? Si tel était son but, il s'y prenait très bien.

Nous entrions dans l'attraction.

Les automates gesticulaient et je sursautais en même temps que de rire, me retrouvant inconsciemment collé à Hale. Tout était parfait. Hannibal Lecter et les zombies n'avaient rien de réellement effrayant. Ce n'était pas réel dans mon esprit. Tout ce qui importait se trouvait entre mes mains. Hale, auquel je m'agrippais pour faire comme tous les couples normaux.

Il souriait, il s'amusait. Par moment, il agissait pour de lui-même m'effrayer, me donnant une petite tape dans le dos pour que je me retrouve dans les bras d'un psychopathe ou encore en me lançant un « bouh » lorsque je le perdais des yeux.

Mais bien vite, quelque de très différent s'invita. Une sensation glaciale m'effleura la nuque, m'obligeant à me tourner.

— Ever ?

— Ce n'est rien.

Mais au moment de reprendre la chemin tracée par l'attraction, Hale glissa sa main dans la mienne, décidant de me garder à ses côtés alors qu'une crainte s'insinuait dans mon esprit. Un simple touché qui voila ma vue pour m'offrir une vision.

Vision du passé ou vision de l'avenir ?

Hale se tenait là, parmi des cadavres, une arme à la main. Une femme l'approchait. Sa beauté était indéniable, son élégance atteignait un niveau auquel je ne prétendrai jamais. Et cette femme...

Cette femme embrassa Hale. Plus âgé, ce dernier n'exprimait ni colère ni dégoût, comme si le geste était normal, anodin.

Il ne pouvait s'agir que d'une vision du futur ! Hale était plus vieux qu'aujourd'hui. Cette femme... n'était pas moi.

L'avenir finirait-il par nous séparer ?

Sortant finalement de l'attraction, toutes mes inquiétudes disparurent durant un instant. Hale laissait une esquisse lui échapper, ses yeux devenant deux petites fentes pour se protéger d'une légère brise. Pris dans un halo de lumière, la chaleur du Soleil sembla être la sienne alors qu'il gardait ma main pour lui. Une chaleur froide. La chaleur de l'hiver.

Portant mes doigts à ses lèvres, il y déposa un baiser hiémal, presque innocemment. Du gentleman au garçon arrogant, Hale possédait de nombreuses facettes.

Notre journée se poursuivie ainsi dans le bonheur le plus simple et l'amusement total.

A la fin, Hale décida qu'il était temps pour lui de me ramener. Sa voiture attendait seule sur le parking.

J'aurai voulu avoir ma propre voiture, moi aussi. Cherchant à ouvrir la portière, Hale bloqua cette dernière en y posant son bras. Il se retrouva dressé au-dessus de moi.

— Je me suis amusé aujourd'hui, Ever.

— Moi aussi.

— Me laisseras-tu une chance ?

Une chance...

Ma tête acquiesça, mes mots demeurant coincés dans ma gorge. Je ne me pensais être timide, pourtant en cet instant je trouvais embarrassant d'exprimer un simple « oui ».

— J'ai besoin de te l'entendre dire, Ever.

— Je...

Que dire de plus ?

— Je t'aime.

Choquée par la déclaration de Hale, mes yeux s'ouvrirent en grand.

Un fil sortit de ma poitrine, rejoignant la main du vampire. Un fil rouge visible seulement de moi. Cette histoire de chaine de l'amant me revint en mémoire pour en parasiter mes choix.

Il se pencha vers moi. Allait-il m'embrasser ?

Ce ne fut pas le cas. Il venait de s'arrêter.

— Ne vas-tu pas me repousser ?

— Est-ce que je devrais le faire ?

Il soupira un rire, comme amusé. Pourtant, son regard n'exprimait que le sérieux de sa décision. Il allait m'embrasser.

— Eh bien, qu'avons-nous là ? nous interrompit une invité inconnue. Lorelei avait raison, il était temps que je revienne.

Je me séparais brusquement du vampire – qui gronda son mécontentement – pour faire face à la femme qui venait d'arriver. Cela me fit l'effet d'une claque. La femme de ma vision... Celle qui embrassait Hale.

Soudain, la jolie brune se retrouva devant moi, sa main arrêtée par Hale alors qu'elle avait semblé vouloir m'arracher le visage. Ses longs ongles, taillés en griffes, se trouvaient bien trop proches de mes yeux.

— Charlotte, tiens-toi tranquille.

Charlotte... Il la connaissait.

— Où sont tes manières, Hale ? Je souhaitais simplement me présenter auprès de ton amie.

Il accepta de la relâcher.

— Madame Cross, sa Fiancée.

Une Fiancée...

— Tu es... fiancé ?

Elle s'écarta avant de poser sur moi un regard vicieux tandis que Hale parut paniqué.

— Ever, ce n'est pas ce que tu crois.

— Non, Ever, articula-t-elle exagérément. Ce n'est pas ce que tu crois. Il ne s'agit pas de simple fiançailles. Mais je suppose qu'une petite fille comme toi ne doit pas connaitre ce genre de fiancé, n'est-ce pas ?

Fiancé... Lorsque les vampires l'énonçaient, cela ne pouvait signifier qu'une seule chose.

Cet espoir que j'avais d'être la Fiancée de Hale venait de voler en éclat. Charmant et Sarah avait sans doute raison, tout comme Raven.

Hale jouait avec moi, il s'était moqué tout de temps.

Un étrange bruit se fit entendre, inquiétant Hale mais semblant satisfaire Charlotte.

— Ne serait-ce pas le son d'un cœur brisé de sorcière que j'entends là ?

Sorcière... Elle savait. Et Hale, étant donné son absence de surprise, connaissait également cette information.

Que se passait-il donc ici ?

— Ever, discutons.

— Ne t'approche pas !

Pourquoi ma vision devenait-elle si trouble ? Hale chercha à me rejoindre mais mes pas pour m'éloigner parvinrent à le dissuader de s'entêter.

— Tu as menti.

« Ah, voilà la raison », comprenais-je alors en constatant que sur mes joues tombaient des larmes.

— Ils avaient raison. Tous les vampires sont mauvais.

Aussitôt déclaré, je me détournais avec cette pensée de vouloir retourner chez moi. L'instant d'après, le vent se leva pour m'emmener à l'abris.

Chez moi. Chez ma tante.

Alyssa, qui buvait tranquillement une tasse de thé sur son canapé en compagnie de Rufus, recracha le tout de sa boisson tandis que son invité demeurait bouche bée. Mais bien vite, mes pleurs l'obligèrent à s'inquiéter.

Elle se leva, oubliant totalement la magie manifestée devant elle.

— Ever, que t'arrive-t-il ?

— Quel est ce son ? s'intéressa davantage Rufus aux tintements ressemblant à des bruits de verres se bisant.

Comprenant sans que je n'ai eu à dire quoique ce soit, Alyssa m'ouvrit en grand ses bras.

— C'était un monstre, m'effondrais-je ainsi dans son étreinte, éclatant en sanglot. Il a dit qu'il m'aimait...

— Les hommes brisent les cœurs, Ever. Laisse-moi te préparer un thé bien chaud.

Un thé...

— Oui, je veux bien un thé.

Ne jamais tomber amoureuse d'un vampire.

Son bras balaya le meuble, détruisant ainsi les babioles dessus mais également une table que cette commode percuta lorsqu'il la balança à son tour.

Tristan leva les mains en l'air, lui sortant des paroles qu'il croyait capable de l'apaiser. Lorelei restait dans les escaliers, comprenant sans doute qu'elle serait la prochaine à passer entre ses mains ainsi. Mais de voir Charlotte siroter tranquillement son putain de thé le mettait hors de lui !

— Par ta faute !

— Hale, je suis ta fiancée.

Un ton tranchant. Elle ne se répèterait pas, elle resterait calme et hautaine en toute circonstance. Quoiqu'il dirait, elle trouverait un moyen de le remettre à sa place, celle qu'elle choisirait pour lui.

— Ever est une sorcière. Tu as laissé sous-entendre qu'en nous...

Elle pensait que lui et Charlotte étaient des véritables Fiancés. Elle les croyait partager un lien puissant. Mais ce n'était pas le cas !

— Nos familles ont arrangés ça. Et jusqu'à présent, j'étais d'accord. Mais aujourd'hui...

— Rien n'a changé, coupa-t-elle court à cette discussion. Hale, nous nous marierons et cette union nous rendra puissant tous les deux. Tu étais d'accord, j'étais d'accord. Si tu t'entêtes avec cette sorcière, je la détruirai elle et ses consœurs.

Il eut un rire mauvais.

— Essai pour voir.

Sortant de la maison, il laissa ces satanés vampires entre eux. Il devait trouver un moyen de mettre la main sur Ever. De lui expliquer.

Comme un signe, son portable vibra dans sa poche. Le nom « S » apparu. La Sibylle.

— « As-tu fait une connerie ? »

— Charlotte est arrivée au pire moment.

— « Madame Cross ? Il fallait s'en douter. Mais maintenant le mal est fait, et mon sort se défait. Le cœur de ta sorcière s'est-il brisé ? »

— Oui, j'ai pu entendre le bruit de brisure moi-même.

— « C'est très mauvais. »

— Y a-t-il un moyen pour que le sort fonctionne de nouveau ?

Il doutait de pouvoir l'amadouer sans magie. Ever restait une sorcière.

— « Ton obsession est réelle, et grandissante. Je le sens. »

— As-tu une solution ou non, sorcière ?

— « Je ne suis pas certaine d'en avoir. »

— Regarde dans l'avenir, Sibylle, et apporte-moi une solution. Et rapidement, le temps presse.

—« Je connais le Temps, et il saura patienter pour moi.

Chapitre 12

P athétique. Vraiment pathétique.

Je me sentais pathétique. Malgré les nombreux avertissements, je n'en avais fait qu'à ma tête, et voilà où tout ceci me menait : pleurer dans ma chambre.

Luna jouait avec le chat, et aucun animal ne venait pour chercher à me faire retrouver le sourire.

Ma tante frappa à ma porte grande ouverte, n'osant pas entrer sans ma permission. Mais en avait-elle réellement besoin avec l'état dans lequel je me trouvais ?

Elle arriva à mes côtés, s'asseyant sur mon lit avec un sourire doux et sincère. Celui que m'aurait donné ma mère si elle s'était trouvée à ici aujourd'hui.

— Tout le monde savait que ça se terminerait comme ça et pas moi. Je suis vraiment trop bête.

— Les vampires ont toujours été d'une nature cruelle, Ever. Ne t'en veux pas d'avoir voulu croire en tes émotions.

Elle se leva, me tendant la main.

— Viens avec moi, j'ai quelqu'un à te présenter.

Acceptant de la suivre, nous sortions de ma chambre pour rejoindre, non pas le salon, mais le bureau de ma tante, à moitié aménagé comme une serre. Je ne m'aventurais jamais ici, il s'agissait d'un lieu privé, n'appartenant qu'à ma tante.

— C'est bon, m'accorda-t-elle son accès.

Elle sortit de sa bibliothèque un vieil album photo. Après nous être installées sur un petit canapé disposé là, elle ouvrit l'album.

— C'est maman ? ouvris-je en grand les yeux.

Alyssa acquiesça.

— Et là c'est moi.

Elles étaient des enfants joyeuses. Deux rouquines avec un autre enfant, plus âgé. Un adolescence occupé à lire.

— Qui est-ce ?

— Ton oncle.

— J'ai un oncle ?

— Fais comme s'il n'existait pas. Nous sommes en froid.

Elle tourna les pages, me montrant d'autres clichés. Elle me présenta également des instants bien plus étranges. De la magie. Ma mère s'entrainait, lançant des sorts extraordinaires, tout comme Alyssa.

— Oh, c'est Kate ! reconnaissais-je le chat, alors chaton.

— Mon familier, venu le jour de mon Éveil.

— Et celui de maman ?

Elle me présenta une nouvelle photo. Ma mère se tenait à côté d'un chiot.

— Un loup, expliqua-t-elle avec le sourire. Ton père.

— Mon...

Mon regard fixa l'animal avant de revenir dévisager ma tante, médusée.

— Comment ça « mon père » ?

— Les familiers peuvent prendre forme humaine. Il n'est pas autorisé au sorcier de tomber amoureux de son familier, mais ce sont des choses qui arrivent.

Mes parents... Une sorcière et son familier...

— Est-ce que c'est pour ça qu'ils doivent fuir ?

— Non. Ah, la voilà !

Elle me présenta l'image d'une femme. Son visage m'était familier. Il s'agissait du vampire s'étant arraché le cœur dans ma vision !

— Voici ta grand-mère. Alice Mortelet.

Alice Mortelet...

Luna arriva à ce moment-là, réclamant qu'on la porte. Elle se joignit à notre moment familial.

— Les Mortelet sont une grande famille de sorciers français. La magie des sorciers français est déjà exceptionnelle, alors je peux te laisser comprendre ce que cela implique pour nous.

Une famille puissante, comme m'avait expliqué Charmant.

— Ma mère, ta grand-mère, s'est marié avec Léon More, un sorcier.

— Je n'ai jamais connu grand-mère.

— Elle est morte avant ta naissance, à cause d'un vampire.

Les vampires avaient fait beaucoup de mal. Pour quelle raison étaient-ils mauvais ? Etait-ce réellement parce que leur nature les y obligeait ?

— Un vampire la pourchassait et parce qu'elle était jolie, il la transforma en vampire à son tour. Le cauchemar ne faisait que commencer.

Elle caressa le portrait du bout des doigts, une expression de nostalgie sur le visage, les yeux brillants.

— Elle s'est enfuie et elle a cherché à guérir. Nous avons cherché un moyen. Mais ce que nous n'avions pas prévu fut l'obsession nouvelle du vampire. Il fit jeter sur elle un sort.

— La Chaîne de l'Amant, devinais-je sans peine.

— Comment sais-tu ?

— J'ai eu une vision de ses derniers instants alors qu'elle s'arrachait le cœur.

Ma grand-mère avait vécu l'enfer à cause d'un vampire. Etait-ce mon destin ? Hale avait-il véritablement voulu m'enchanté de ce sort à son tour ?

La raison m'échappait. D'autant plus que ce dernier en aimait une autre. Il était fiancé avec une femme bien différente. Elle ne me ressemblait en rien. Des yeux cramoisies, des cheveux sombres, une silhouette parfaite. Elle était également une femme, une adulte.

Ma tante me parla encore d'histoires de famille. Ma grand-mère semblait avoir été formidable, Alyssa l'adulant.

— Je n'ai jamais rencontré grand-père.

— Il... Hm... Il est en maison de retraire.

La question semblait susciter quelques désagréments.

— Il arrive qu'en vieillissant, les sorciers rencontres des difficultés. Ton grand-père n'a plus de familier et sa magie se manifeste à l'improviste. Il existe donc des établissements spécialisés pour les sorciers seniors.

Voilà la raison pour laquelle je ne connaissais rien de lui. mes parents m'ayant toujours préservé de ce monde magique, rencontrer mon grand-père aurait été contre-productif.

— Oh, j'oubliais, s'écria soudain Alyssa. J'ai reçu un colis de la part de Henri Paon.

Ni une ni deux, je m'élançais hors de la pièce pour rejoindre le salon, attendant le retour de ma tante avec le fameux colis.

En l'ouvrant, je découvris des vêtements emballés dans des sacs sous vide.

Henri m'avait envoyé des tenues différentes de ce que j'avais l'habitude de porter. Des vêtements chics et élégants, j'allais donner l'allure d'une gosse de riche.

— Cet Henri a vraiment bon goût lorsque cela te concerne. Tu aimes ?

Je n'avais pas réellement de préférence vestimentaire. J'appréciais toujours ce que m'offrait Henri.

— Lorsque tu étais toute petite, tu étais très pointilleuse sur ce que tu portais. Avec Henri, tu n'as plus jamais été déçue.

Je ne m'en souvenais pas.

Mais une toute autre tenue attira nos regards. Ma tante s'empara de la robe mousseline. Un col v, la robe donnant l'illusion d'un ras du sol offrait des allures de demoiselle d'honneur. Son rouge était splendide, et la broderie, sans aucun doute faite main, s'harmonisait de paillettes. Je n'aimais pas les paillettes mais ici... Il s'agissait d'un tout. Une cape était cousue aux épaules de manière discrète, intégrer à l'œuvre. Il semblait également que la robe était fendue.

Pourquoi m'avait-il envoyé une tenue de soirée aussi élaborée ?

— Ce doit être pour la soirée All Hallow's Eve.

— La soirée All Hallow's Eve ? Qu'est-ce que c'est ?

— Halloween. Chaque année, Sarah organise une grande réception. Ses invités sont de marques. Ses protégés s'y rendent également.

— Une fête d'Halloween ?

Mes parents avaient eu l'habitude d'en faire également. avant Louise et les soirées films d'horreur qu'elle estimait être la vraie tradition d'Halloween, avec mes parents nous avions l'habitude de recevoir des invités. Des proches de ma mère.

Mon père et moi ne restions pas toute la soirée, ma mère la finissant avec ses amis pour des rituels de sorcières. Elle ne se cachait pas d'en être une, mais sa discrétion lui avait permis de me faire avaler qu'il ne s'agissait que de superstitions et de croyances farfelues.

Aujourd'hui, j'en doutais.

Sarah avait-elle l'intention de réaliser ce genre de soirée ?

— J'y serai également, comme tous les ans. C'est l'occasion d'agrandir son carnet de contact mais également de pratiquer les plus puissants rituels et sortilèges. Oh, Henri a laissé une note.

Elle s'empara du papier dans la housse.

— « A ma petite sorcière préférée. La plus merveilleuse des robes sur le thème du Chaperon Rouge. Si tu te laisses dévorer par le Loup, je deviendrai son chasseur. »

— Attends, Henri est un sorcier ?

— Pas le moins du monde. C'est un humain.

— Mais alors, comment sait-il que... ?

— Son mari est un sorcier.

— Oh...

Le mariage entre un sorcier et un humain était donc autorisé ?

Alyssa sembla lire dans mes pensées.

— Si l'amour est véritable, nos lois l'acceptent. Mais le contrat de mariage est obligatoire et magique. Si Henri va à l'encontre des contraintes imposées dans le contrat, il souffrira jusqu'à ce que mort s'en suive.

Finalement, le monde des sorcières gardait un côté terrifiant.

Alyssa m'aida à ranger mes affaires. En essayant les tenues, Henri sembla de nouveau avoir visé pile la bonne taille.

— Tiens, ta robe de soirée semble être sous un sortilège. J'ai hâte de voir ce que cela cache.

Ma tante me complimenta à chaque tenue que je mettais. Nora aurait adoré assister à ce moment, elle qui aimait le shopping et la marque de Henri. Et, étrangement, j'appréciais. Cela me permettait d'oublier Hale quelques instants et d'arrêter de me poser des questions.

Luna arriva à nos côtés, installée sur le dos de Kate. Était-ce un comportement habituel ?

Bien évidemment, elle tomba, nous faisant éclater de rire.

Soudain, une illusion me sortit de ce moment heureux. Un fil rouge. Il était plus fin mais toujours présent, sortant de ma poitrine et disparaissant dehors comme pour m'indiquer une direction. Sans doute m'incitait-il à retrouver Hale ?

— Ever, que se passe-t-il ?

— Tu crois... Tu crois qu'il faisait vraiment semblant ?

J'étais consciente que l'on pouvait jouer la comédie, que certains s'amusaient à manipuler les autres par pur plaisir. Mais Hale...

— Les vampires sont ainsi faits, on ne les changera pas.

— Mais on peut les oublier ! s'écria alors une personne au balcon.

Ma tante et moi-même sursautions de terreur alors que Nora nous faisait un signe de la main, cachant au mieux son épuisement d'avoir grimpé jusqu'ici.

— Ever, on sort... Oh bordel ! Ces vêtements !

— Nora, on ne traine pas, s'énerva Raven, toujours au sol et ne l'ayant pas rejointe dans son entreprise.

J'arrivais sur le balcon, observant Raven installée contre une voiture. Eric était également présent.

— Salut Ever. Une soirée avec d'autres du bahut, sans magie, ça te dit ?

— Bien sûr qu'elle est d'accord. Elle vient d'être larguée par un vampire.

Chapitre 13

Le pouvoir se définissait comme le seul but à atteindre. Fort heureusement, la concurrence dans ce domaine aurait pu être bien plus rude si le monde ne s'était pas habitué à s'en désintéresser en s'évertuant à croire qu'il n'était accessible que d'une poignée de personne.

Pour obtenir ce pouvoir, Charlotte travaillait dur à l'élaboration de plans et de conspirations. Les alliances solides ne reposaient pas sur la confiance et la loyauté mais sur la peur et les menaces. Les Cross étaient devenus une famille influente pour deux raisons. Tout d'abord, pour leur sang de noble, et ensuite parce que Charlotte était parfaite.

Famille de nobles déchus, il avait fallu graisser des pattes, détruire des vies et s'allier à des serpents pour réussir à remonter les marches de la puissance. Avec la puissance venait l'influence. Avec l'influence le pouvoir.

Mais Charlotte était vorace. Une qualité bien accueillit par son grand-père. Alors bien évidemment, lorsque l'occasion s'était présentée d'acquérir plus de pouvoir, de se rapprocher de la Couronne, elle avait saisi l'occasion.

Hale Butcher. Chevalier et exécuteur pour la Couronne, il se noyait dans la rage et le désir de revanche.

— Dame Cross, salua Lorelei.

Charlotte accorda son attention à la blonde. Une autre femme en quête de gloire et de reconnaissance.

— Tu es l'exécutrice m'ayant averti de ce « problème ».

Un problème portant le nom d'Ever More.

— Je pense que Hale... Je veux dire le Seigneur Butcher, se reprit-elle devant le froncement de sourcils de la noble Dame. Il est attiré par cette sorcière.

— L'amour nait et meurt tout aussi rapidement.

Ce n'était rien de grave. Elle l'avait rappelé à l'ordre, et il obéirait parce qu'elle était sa seule chance de vengeance. Mais Lorelei révéla une réalité bien plus alarmante :

— Il pense... être lié à elle.

— Répugnant, retint-elle cette nausée soudaine face à l'idée d'un vampire se mêlant ainsi à une sorcière.

Elle congédia l'exécutrice.

— S'ils sont liés, vous ne pourrez rien faire.

Un nouvel importun venait de faire son entrée. Tristan, fiancé de cette Lorelei.

Ce trio ne lui était pas inconnu, étant l'équipe obtenant le plus de résultats parmi tous les exécuteurs. Lorelei, grâce à son exceptionnel don d'influencer les émotions, était un excellent atout. Au moins autant que ce Tristan qui était un détecteur de mensonge en puissance.

— Impossible.

Les Fiancés existaient mais Charlotte n'y croyait pas. a ces yeux, il ne s'agissait que d'une maladie ayant causé la perte de sa famille lorsqu'elle était encore une enfant.

— Avec tout le respect que je vous dois, Dame Charlotte, je vous déconseille de plaisanter avec ce genre de sujet. La Couronne elle-même ne le permettrait pas.

Elle arqua un sourcil, très sure d'elle.

— Penses-tu que le prince héritier accepterait l'union de Hale avec la sorcière qu'il fait chercher depuis des années ?

L'absence de réponde fut ce qu'elle attendait.

— Montre-toi très prudent, exécuteur. Mon immortalité ne fait pas de moi quelqu'un de clément pour toujours.

Laissant là le vampire bien imprudent, elle grimpa jusqu'à l'étage pour rejoindre Hale. Cette maison n'avait rien d'un lieu pouvant accueillir la noblesse, mais elle s'en contenterait pour l'instant. De toute manière, elle ne resterait pas longtemps dans les parages. Juste le temps de détruire la misérable et menaçante pensée naissant dans l'esprit de son fiancé.

— Les nobles n'ont-ils aucune manière ? siffla Hale alors qu'elle pénétrait dans la chambre sans prendre le temps de frapper au préalable.

Le garçon se déshabillait, apparemment prêt à aller sous la douche.

— Si je dois te rejoindre, je préfèrerai autant que tu vieillisses ton apparence.

— Je suis censé être âgé de 17 ans.

— Je préfère ton apparence de la trentaine.

Elle leva la main, caressant la mâchoire serrée du garçon. Il cachait bien difficilement sa colère.

— Et ta barbe naissante est bien plus plaisante également.

Lui saisissant la main, il la repoussa pour entrer dans sa salle de bain. L'énerver était agréable, mais ce n'était rien comparé à la satisfaction de le voir se soumettre malgré son désir de se rebeller. Il ne pouvait rien faire, parce qu'il ne possédait aucun pouvoir. Cela lui rappelait qu'il avait besoin d'elle. Il oublierait vite cette sorcière.

Soudain, un téléphone se mit à sonner. Il ne s'agissait pas du sien, mais de celui de son fiancé.

Un « S » l'appelait.

— « J'ai trouvé. »

La voix d'une femme.

— « Hale ? »

— Et qu'avez-vous trouvé exactement ?

— « Vous n'êtes pas Hale. »

— Je vous le confirme. Je suis sa fiancée.

Combien de fois avait-elle dû le rappeler ces derniers temps ?

— « Je dois lui parler. »

— Nous sommes des partenaires, vous pouvez tout me confier. A moins que le nom des Cross ne vous inspire aucune crainte.

Un silence, accompagné d'un ricanement, lui répondit. Devait-elle s'offusquer alors qu'elle ne savait rien de l'identité de la femme à l'autre bout de l'appareil ?

— « Je suis la Sibylle, Dame Cross. Vous alliez me poser la question, n'est-ce pas ? »

La Sibylle ? Hale travaillait avec cette sorcière ? Elle appartenait à la Couronne. Que manigançait-il ?

La Sibylle était capable de voir l'avenir comme un humain verrait son reflet dans le miroir. Légèrement déformé de la réalité, un simple écho changeant avec le temps. Croire qu'elle appelait au mauvais moment aurait été bien naïf. Elle avait souhaité que Charlotte décroche. Pour quelle raison ?

— « J'ai trouvé une solution pour la sorcière. Le Sommeil Eternel. »

Le Sommeil Eternel... Charlotte ne connaissait pas la magie, mais ce sort était connu de tous, même des humains. Un sortilège plongeant un individu dans un sommeil incapable d'être éveillé.

— « Mais je dois faire vite. Passez-moi Hale immédiatement. »

— Faites-le. Ce sort, faites-le. Hale n'a pas le temps de vous répondre mais je vous l'ordonne en son nom.

Charlotte raccrocha, le cœur battant. Son « problème » venait d'être réglée. D'un claquement de doigt.

Elle effaça toutes les traces pouvant attester d'un appel. Il valait mieux éviter à Hale d'être tenu au courant pour l'instant.

Chapitre 14

O h bordel...

Nora et Raven cachaient plus facilement leur stupéfaction devant ce spectacle des plus étranges.

Pour cette « soirée » avec d'autres camarades d'école, il n'y avait eu qu'une destination : tous chez Eric ! Des parents absents et une grande maison vide...

Mon doigt pointa quelque chose au-dessus de la maison d'Eric.

— C'est... un dragon ?

— Sans doute un tour de ma sœur, soupira Eric. Elle se la joue grande sorcière qu'elle a réussi son examen pour le titre de Mage.

— Une école pour sorcier ?

— Pas vraiment. Disons plutôt une université pour sorcier ?

De la magie. Partout !

Des baguettes de magie étaient sorties, leurs propriétaires s'amusant à jeter des sorts amusants.

Des feux d'artifices magiques, des créatures monstrueuses, des déformations de visages, des potions changeant les apparences... J'en loupais sans doute beaucoup d'autres !

— Eric, tu ne m'avais pas dit qu'il s'agissait d'une soirée pour sorcier, s'émerveilla Nora.

Quelques visages m'étaient familiers. Des gens du bahut s'y trouvait !

— La zone est protégée par un Voile, nous rassura le copain de Nora. Alors magie non-autorisée en dehors des limites des nains de jardins.

Il nous montra les nains de jardin dans les pelouses.

Eric nous déroba Nora, me laissant avec une Raven plus intimidée que moi. Tellement déstabilisée que lorsqu'un gars déjà torché s'approcha, elle lui fila une droite très bruyante. Lui avait-elle cassé la mâchoire ?

— Il respire, relax Ever.

— Quand faut y'aller...

L'intérieur était tout aussi plein d'individus, me laissant comprendre que les sorciers n'étaient pas en voie de disparition. Apparemment, il en venait des jeunes de toutes la région.

On se draguait avec nos Eveils, on s'embrassait après avoir pris des potions en cacheton, on dansait dès que l'on humait une fumée capable de faire voler...

— Je sais que citer les films Harry Potter serait vraiment cliché dans cette situation mais... J'adore la magie.

Les caves à vins déjà dévalisées. C'était à la fois vivifiant de voir toutes ces bouteilles et absolument détestable de constater qu'elles seraient bues sans recevoir le respect que l'on devait à des bouteilles de grands crus français. Le vin s'appréciait, il ne se buvait pas dans le but de se déchirer.

La bière était d'ailleurs bien plus présentes, accompagnées de ses gobelets rouges et moches.

— Rouge et moche ? Super nouvelle couleur, sembla lire dans mes pensées Nora.

Elle revenait, seule.

— J'ai pris un cacheton et depuis je lis dans les pensées. Trop top !

Raven se mit à réciter une formule – trop vite pour que j'ai le temps de la comprendre – avant d'écraser une araignée dans ses mains. Comment faisait-elle pour toujours avoir de ces horreurs à ces côtés ?

— Oh non, Raven, c'est pas du jeu. Je voulais aussi lire dans tes pensées. Bon pas grave, on a encore notre petite sirène... Je veux dire notre petite sorcière.

— Nora, ces liseuses de pensées sont des drogues. Tu n'es déjà plus sobre.

Une piscine... Il y avait une piscine dehors, et pleins de personnes autour pour user de magie d'eau.

— Eveil larmoyant, me désigna Nora en pointant ceux autour de la piscine. Naturel pour là-bas. Raven risque d'y passer un petit moment d'ailleurs. Brûlant c'est vers le barbecue. Ah, et les danseurs, les aériens.

— Et les autres Eveils.

— Lunaire ils doivent être sur le toit, et solaire... Les plus canons.

— Ancestral et Prophétique.

— Les dépressifs super-flippant et les prophétiques sont inexistants. Ils connaissent déjà la fin de la soirée, ils les gâchent tout le temps du coup. Ah, et on a des sacrifices humains.

— Quoi ?

— Je plaisante, ça existe pas. Sauf peut-être pour certains sorts en magie noire et rouge.

Entre excitation et terreur, tout ici me terrifiait autant que cela me rendait euphorique.

— Premier shot les filles ? nous proposa un bel inconnu.

— Darren, tu arrives à pic. Ever, la tradition c'est la tradition.

— Et la tradition dit...

Nora esquissa un sourire devant ma question.

— La tradition veut que tout le monde boit un premier shot à son arrivée dans la soirée.

— Raven...

— Elle en est à son quatrième, nous désigna Darren en désignant notre amie du regard.

Raven la sombre gothique dansait parmi des fleurs magiques, les cheveux détachées. Elle était devenue bien moins lugubre. Comme une sorte de nymphe habillée en noire.

— Ouais, une nymphe, confirma Nora, lisant dans mes pensées. T'inquiète, l'effet de lire dans les pensées est temporaires. Oh, mais oui Darren, je vais te présenter à la jolie rouquine. Ever.

Elle se tourna vers moi, me tendant un verre de shot.

— Voici Darren, l'un des bons amis d'Eric. Il est canon, intelligent, sportif,...

Elle continua à me faire son éloge, amusant ce Darren qui s'en désintéressa bien vite pour trinquer à mon premier shot.

— Cul sec.

« Jamais but d'alcool » et « moins de dix-huit ans » ne pouvaient pas correspondre avec le terme « cul sec ». Alors lorsque ce fut fait, évidemment que ma gorge me brûla à en pleurer, m'obligeant à tousser comme une dingue.

— Et elle n'a pas vomi ! déclara Nora, attirant alors un tonnerre d'applaudissement de tous les sorciers.

Darren nous salua avant de rejoindre ses amis.

Les amis d'Eric étaient tous des garçons sportifs aux corps inutilement digne de fantasme et aux visages to- talement craquant.

— Et ce sont tous des sorciers, m'intima Nora à l'oreille. D'ailleurs, est-ce que Darren ne serait pas en train de te regarder ?

Darren arborait un jolie sourire tout en tenant une bouteille de Sancerre à la main.

— Je... Je suis encore en rupture.

— Rien de mieux qu'un homme pour en oublier un autre. Et le sorcier est le remède miracle pour oublier le vampire.

— Oh, t'es Ever , La sorcière encore en train de s'éveiller ? nous interrompit un inconnu.

Aussitôt, un tas d'autres sorciers s'agglutinèrent.

— Super ça ! Ta magie est instable, ça va être trop drôle.

L'instant suivant, ces mêmes sorciers me firent prononcer des formules magiques. Et l'une d'entre elles...

— Trop d'la balle !

Alors que je terminais l'incantation, un garçon s'empressant de me faire une belle entaille dans la main pour me pousser ensuite à tracer un symbole au sol, la maison se mit à grandir de l'intérieur sous le regard amusé des sorciers en herbe. Un intérieur de grand manoir. Le bal des sorcières repris, ces sorciers volant en jouant à Peter Pan.

— La magie des non-éveillée est franchement trop puissante.

— Deuxième shot ! cria un autre camarade.

Et au deuxième, plus rien n'eut d'importance. Je lisais toutes les formules qu'on voulait me faire lire.

Eric descendait les escaliers depuis l'étage, d'autres bouteilles à la main et Nora – que je n'avais pas vu me quitter – sur son dos.

Tous s'amusaient. Moi compris.

Darren arriva dans mon dos, me proposant un verre de vin.

« Va te faire foutre, Hale. »

Il me proposa une pilule magique. Et une fois prise... Le monde devint très différent. Un rire nerveux m'enveloppa.

— Il fait très... Chaud. Ouh là, et tout est vraiment rose.

La chanson « La vie en rose » se mit à jouer.

— Est-ce que c'est moi qui... ?

— Bien sûr Ever, tu as changé la chanson.

Un autre verre. Le dernier. Ma mémoire s'arrêta de fonctionner.

Un troupeau d'éléphant piétinait mon crâne... Non, un troupeau de dinosaures immenses et très lourds.

Ma tante m'avait offert un café pour m'aider, hésitante toute la matinée entre me sermonner et se moquer de ma gueule de bois. Finalement, elle avait opté pour m'accompagner jusque devant l'école.

— Il n'y a pas de Soleil, commenta la détestable voix de Raven.

— Va te faire foutre, je suis pas d'humeur, grognais-je en me tournant vers elle.

Cela amusa Nora. Mais pas moi.

— Pourquoi j'ai l'air d'être la seule à trinquer pour hier ?

— Le premier shot t'empêche normalement de ne pas avoir de gueule de bois. Mais tu as abusé des élixirs magiques hier. Et tu as testé toutes les pilules.

— Ne profite pas de mon amnésie pour inventer des trucs.

Aussitôt, Nora sortit son téléphone pour me faire visionner des photos. Et des vidéos.

Je me voyais en train de danser sur une table en réalisant des mouvement entre le très sexy vraiment bien effectué et la pieuvre ne contrôlant pas ses tentacules.

Et après la danse, je réalisais des sorts de mémoires dérobées dans des bouquins et...

— Oh non, grimaçais-je de dégoût pour la dévergondée que je découvrais à travers les vidéos prises de la soirée.

J'embrassais Darren.

Ensuite, jouer à une course de brouette dans les escaliers, ou j'étais la brouette et un inconnue me guidait. Nous avions gagné apparemment.

— Après, t'as découvert la cachette secrète du père d'Eric. Des élixirs. Bref, voici une partie des réponses que ta mémoire a préféré oublier.

— Fais chier.

Je voulus entrer dans le bâtiment mais la porte se referma sur moi. Littéralement. Manquant de tomber, ce ne fut ni Nora ni Raven qui ne vinrent à mon secours mais quelqu'un que je ne voulais vraiment pas voir : Hale.

— Est-ce que ça va ?

— Je viens de me cogner la tête contre une porte qui s'est refermée sur moi, j'ai une tête plus grosse que le cœur d'une baleine, mes yeux ne supportent pas la lumière, ma bouche est pâteuse. Oh, et le garçon que je pensais aimer m'a lancé un putain de sort pour m'ensorceler et il est un vampire qui, en plus, a une fiancée. T'en as d'autres des questions à la con comme ça ou je peux aller en cours pour m'endormir en espérant rallonger ma nuit écourtée par l'alcool, la magie et un gars canon ?

— Un gars canon ?

— Ah, dévoilais-je mes dents dans un rire sarcastique. Evidemment, ça t'intéresse. Alors ouais, j'ai roulé un pelle à un sorcier super mignon.

Observant autour de lui, il me saisit au poignet, me tirant dehors, dans le parc de l'école. Evidemment, il voulait éviter qu'on l'entende. Manque de chance, les vampires de son trio se trouvaient non-loin et ma propre bande semblait également me suivre de près.

— Ever, concernant ce sort...

— La Chaîne de l'Amant ? Ah, alors tu l'avoues, c'est ça ?

Ce silence, toujours ce silence lorsque mes réponses n'auraient été qu'un mensonge ou une déception offerte par la vérité.

— Ever, ça ne signifie pas...

— Laisse tomber, je ne tomberai pas dans le panneau. Laisse ton sort là où il est, il ne fonctionnera plus sur moi. Je n'ai pas confiance. Tu es un vampire, et les vampires sont des monstres sanguinaires.

— Charlotte n'est pas ce genre de fiancée. Il ne s'agit que d'un arrangement, il n'y a pas de sentiment.

Le pire dans cette histoire ? Je savais qu'il me mentait. Il n'était pas nécessaire d'essayer de le croire.

— Je l'ai vu, Hale. J'ai eu une vision de toi l'embrassant. On ne fait pas ça sans amour.

— Bien sûr que si, c'est simulable.

— Tu sais quoi ? Moi aussi j'ai embrassé un autre. Un sorcier bien plus beau et intelligent que toi. Et il embrassait tellement bien que je pense « simuler » des émotions pour lui. Qui sait ? Je pourrai même lui lancer un filtre d'amour ou une Chaîne de l'Amant ? Au moins, il ne jouera pas la comédie contrairement au menteur qui prétendait avoir des sentiments.

Sa main s'écrasa sur mon cou, m'obligeant à lui faire face tout en brisant le peu d'espace nous séparant. Il ne serrait pas sa prise, son but n'était pas de me tuer. Il voulait seulement me faire peur, m'intimider. Evidemment.

— Plus de sort, murmura-t-il au creux de mon oreille. Tu veux voir mon vrai visage. Ne le regrette pas ensuite.

Ses yeux devinrent aussi rouge que les pétales du coquelicot. Sa bouche entrouverte laissa des crocs apparaitre. Il n'y avait rien d'humain à cette apparence, les oreilles pointant légèrement, et le regard du prédateur laissant croire à n'importe qui le croisant qu'il serait une proie bonne à fuir.

Si j'avais peur ? Le corps tremblait mais l'esprit cherchait à combattre l'instinct de fuite. Ce serait inutile. Pouvais-je me défendre ?

Bien vite, une vision m'attira à observer un tout autre phénomène.

Le sol respirait, quelque chose le soulevait comme au passage d'un ver dans le sable. Cette chose cherchait. Et lorsqu'elle trouva, les ronces sortirent du sol.

« Et bien sûr, je suis la seule à voir ça ! »

M'encerclant, cette barrière végétale se resserra.

— Aïe, rouspétais-je en sentant une piqûre sur mon doigt.

Hale me lâcha, prenant tout aussi vite ma main. Une perle de sang s'y forma. Il exprima de la surprise et de l'inquiétude.

— Eloigne-toi d'elle ! s'écria Nora. Ever, lutte !

Lutter à quoi ? A Hale ?

Seulement, lorsque le sommeil commença à chasser mes maux de tête et balaya toutes mes pensées, le message devint bien plus évidant. Lutter contre cette fatigue. Mais comment faire ?

Je tombais dans les bras de Hale.

— Que m'as-tu fait ?

— Rien, paniqua-t-il alors. Je n'ai rien fait.

Oui, il paniquait, cherchant à comprendre. Mes yeux se fermèrent. Je m'endormais.

Milton Keynes UK
Ingram Content Group UK Ltd.
UKHW020622291123
433416UK00016B/1141